이낙연은

넥타이를

전날 밤에

고른다

이낙연은 넥타이를 전날 밤에 고른다

보좌관의 눈에 비친 정치미식가

양재원 지음

북콤마

차례

:: 보좌관, 이낙연을 말하다

:: 이낙연 아카데미

:: 이낙연의 SNS

:: 아무리 높은 직책을 가졌어도 국민 위에 군림하면 절대로 참된 정치가가 아니다. 참된 정치가는 언제나 겸허한 자세로 국민 곁에서 귀를 기울일 줄 아는 정치가다. 하지만 동서고금을 통틀어 참된 정치가라고 단언할 수 있는 인물을 꼽으라면 그리 많은 이름이 떠오르지는 않는다. 그래서 가까운 장소, 가까운 시대에 이낙연 같은 인물이 있다는 사실은 대한민국으로서는 축복이요, 행운이다. 그는 국민들과 가장 친근한 모습으로 행보를 같이했던 정치가다. 국민들의 슬픔과 고통을 헤아릴 줄 아는 정치가이자, 국민들과 같은 눈높이를 유지하면서 국민들의 행복과 미래를 위해 최선을 다하는 정치가다. 그는 너그러운 성품과 덕망을 겸비했을 뿐만 아니라 지혜와 자비도 겸비하고 있다.

윈스턴 처칠의 말에 의하면, 정치는 전쟁 못지않게 사람들을 흥분시키는 것이며 똑같이 위험하기도 한 것이다. 전쟁에서는 단

한 번 죽으면 되지만 정치에서는 여러 번 희생당해야 하는 것이 다를 뿐이다. 그러나 이낙연은 가장 위태로운 시대에 가장 안정된 정치를 보여준 정치가다. 여기 이낙연과 가장 가까운 거리에서 그를 보좌했던 양재원 보좌관의 감동 스토리 〈이낙연은 넥타이를 전날 밤에 고른다〉를 온 국민이 필독하기를 바라는 마음으로 적극 추천한다.

_이외수 소설가

:: 잘난 사람의 잘난 얘기가 불편하지 않은 거의 유일한 경우는 그 사람이 이미 죽은 경우일 것이다. 나폴레옹의 잘난 얘기를 아주 재밌게 본 적이 있다. 그리고 넬슨 제독의 잘난 얘기를 그 얼마 뒤에 보았다. 둘 다 재밌게 보는 건, 어쩌면 모순일지도 모른다. 어차피 죽은 사람들 얘기인데, 뭘. 게다가 남의 나라 얘기 아닌가. 살아 있는 사람의 잘난 이야기는 그 얘기가 별로 사실도 아니고 과장되어서, 결국은 가슴에 상처만 남겨준 기억이 많다. 드라마로도 나왔던 MB의 전설적인 무용담이 그랬고, 많은 다른 정치인의 경우도 크게 다르지 않다.

보좌관 양재원이 쓴 이낙연 이야기는 전형적인 잘난 사람의 잘난 이야기다. 그런데 이게 묘하게 재밌다. 중간쯤 쓴 원고를 미리 보게 되었는데, 아직 다 쓰지도 않은 원고를 보내달라고 재촉을 다 했다. 참, 나! 습관적으로 우리는 여의도의 정치인들을 무시하고 한량, 심지어는 불한당 취급한다. 그렇지만 국회의원은 물론이고 차기 공천을 기대하며 왔다 갔다 하는 사람들 대부분 뭐라도 배울 점이 없는 경우는 없다. 어쨌든 자기 하던 일에서는 경지에 오른 사람들이 거기까지 온다. 내가 싫어하거나 심지어는 혐오하는 사람일지라도 배울 점이 없지는 않다.

보좌관의 책을 읽으면서 총리, 아니 총리 이전의 이낙연이라는 캐릭터가 왜 현장 실무자나 지역 주민들에게 그렇게 인기가 높은지 좀 알 것 같았다. 확실히 그가 정치를 하면서 지켜온 원칙들이 있기는 한 것 같고, 그것이 쌓이고 쌓여서 지금은 누구도 쉽게 넘어서기 어려운 그만의 장점이 된 것 같다. 그렇지만 나는 여전히 질문한다. 그래서? 이낙연만큼 높은 자리에 가거나 성공하지는 못했지만, 그 정도 일을 하는 정치인이 한국에 그 혼자만 있는 건 아니잖아?

잘난 사람의 잘난 얘기, 아직 살아 있는 사람의 얘기에서 이렇게 흥미를 느끼게 된 이유는 뭘까? 일단은 얘기 자체가 간단하지만 기초적인 원칙을 잘 지킨 사람에 대한 얘기라서 재밌다. 하지만 더 큰 이유는, 아무래도 현재 스코어, 다음 대통령에 가장 가까이 간 사람이 이낙연이라서 그럴 것이다. 아직 많은 시간이 남아서 변수도 많고 한국이 워낙 역동적인 사회라서 확정적인 것은 아니다. 차기 대선에 가장 가까이 갔다고 하는 안희정이 그렇게 날아갈 줄 누가 알았겠나. 잠재적으로 포텐셜이 가장 높다고 평가받던 대통령 비서실장 출신인 임종석이 이렇게 일찍 정계 은

퇴를 선언할 줄 누가 알았겠나. 그렇지만 MB 이후 세 번의 대선에서는 줄곧 초반에 1위를 하던 대선 후보가 결국 대통령이 되었다. 한국 경제의 덩치가 커져가면서 이변이 나올 가능성이 그만큼 줄었다고 볼 수 있다. 정치인 이낙연이 아니라 지지율 1위의 대선 후보 이낙연이라면 그가 살아온 삶이 주는 무게가 다르다. 그건 죽은 사람들의 위인전을 맘 편하게 볼 수 있는 것과 확연히 다른, 어쩌면 내 일상적 삶에도 영향을 줄 수도 있는 변화에 관한 얘기다. 관심이 안 간다고 하면 그것도 이상한 것 아니겠는가?

지금까지 나온 많은 정치인들의 책 중에서 보좌관, 그것도 측근 보좌관이 꼼꼼히 지나온 일을 복기한 책이 한국에서 나온 것은 처음이다. 대선 지지율 1위 정치인의 과거를 살펴보기에는 이보다 더 좋은 자료는 없다. 그가 가진 단점은 모르겠지만 장점, 아니 장점의 기원만큼은 확실히 정리되어 있다. 가난해서 고시를 포기한 형제 많은 집안의 한 학생이 어떤 마음과 원칙으로 전남지사를 거쳐 총리까지 되었나, 그런 건 어느 정도 윤곽을 그릴 수 있다. 단점은? 같이 일하다 보면 뭔가 배울 수 있을지는 몰라도, 당장은 빡빡하고 힘든 것 같다. 좋게 얘기하면 원칙주의, 신입 사원의 눈으로 보면 '지랄 맞은 상사', 그 정도일 것 같다. 그렇지만 같이한 프로젝트가 성공한다는 측면에서 어느 정도는 나중에 심적 보상이 생길 수 있는. 잘 챙겨주지만 지는 파트너가 나을 것인가, 성질은 지랄 맞아도 이기는 파트너가 나을 것인가?

요즘 시청률 1위를 달리는 드라마 '스토브 리그'의 단장 백승

수는 '일은 잘해도 싸가지는 없는' 새로운 유형의 리더다. 주변 사람들에게 살갑게 대하지 않는 대신 성과만큼은 확실하다. 전형적인 올드 보이로 살아온 이낙연에게 새로운 시대의 덕목이 생길 것인가? 책을 읽는 내내 이러한 질문을 던졌다. 지금까지 한국의 지도자들은 '회전문 인사'로 대변되는, 주변 사람들에게 친절하고 국민들에게는 상대적으로 거리감 있는 사람들이었다. 이 흐름이 이낙연과 함께 바뀌고, 그것이 새로운 트렌드가 될 수 있을 것인가? 여전히 남는 질문이다. 과연 우리에게 필요한 21세기형 지도자는 어떤 모습일까? 독자 분들도 이 질문을 같이 하면 좋을 것 같다. 어쨌든 우리 모두는 지금보다 행복하고, 덜 불안하고, 더 감동적인 미래를 기다리고 있다. 지도자 주변 인사들에게만 기회가 생기는 나라 말고….

_우석훈 〈88만원 세대〉 저자

:: 어떤 자리이든 행복 바이러스를 퍼트리는 분위기 메이커, 그가 양재원이다. 환하게 웃는 동글동글한 얼굴을 마주하면 절로 미소가 스민다. 남을 잘 관찰한다는 것, 쉽지 않은 일이다. 이낙연 총리님을 가까이서 요모조모 잘 관찰한 그의 색다른 시선이 재밌다. 읽다 보니 이래서 큰 스승 아래 큰 제자가 탄생하는 것이로구나 싶어졌다.

_김미화 방송인

∷ 우리는 보통 정치인의 모습과 그의 생각, 행동들을 대중 매체 혹은 언론이라는 프리즘 통해 본다. 그 프리즘을 통해 내가 보고 인식한 NY는 중후하고 노련한 정치인 혹은 총리였다. 이러한 나의 인식은 일반 대중들의 인식과 크게 다르지 않을 것이라 생각한다. 하지만 우리는 많은 사람들이 겉으로 보이는 모습과 실제가 다른 경우를 자주 목격할 수 있을 것이다. 이 책 〈이낙연은 넥타이를 전날 밤에 고른다〉엔 그를 오랜 시간 피부로 맞대온 한 보좌관이 이야기하는 그의 실제 모습이 담겨 있다. 하지만 우리는 이 책을 통해 NY라는 한 개인이 아닌 그 안에 담긴 우리의 정치를 볼 수 있으며, 한 정치인이 아닌 엄격하지만 따스했던 아버지 혹은 스승의 모습을 볼 수 있으리라 생각한다. 평생을 쉼 없는 달음질을 하며 잠시라도 한눈을 팔거나 멈춰도 쓰러질 것 같은 우리의 전쟁 같은 인생 속에서, 작지만 따뜻한 한마디를 던지는 누군가를 만난다는 것은 쉽게 얻지 못할 행운일 것이다.

_임홍택 〈90년생이 온다〉 저자

∷ 정치인의 보좌관이 된다는 것은 누군가에게 인생의 일부를 맡기는 것이다. 성공과 실패, 기쁨과 슬픔이 타자로부터 출발하고, 이름은 잊힌 채 누구가의 보좌관으로 기억된다. 빛은 밤이 깊을수록 더 밝게 보인다는 것을 보좌관 양재원은 책을 통해 보여준다. 스스로를 더욱 감춘 그의 선택이 많은 이들에게 희망과 감동

의 빛으로 되돌아가길 기대한다. 정치는 그런 것이다.

_조현욱 더불어민주당 보좌진협의회장

:: 2019년 4월 5일, 이낙연 전 총리는 강원도 강릉 옥계면을 방문합니다. 큰 산불이 깊게 상처를 남긴 현장을 찾은 것인데요, 거기서 한 이재민 아주머니의 손을 잡고 얘기합니다.

"맘을 굳건히 잡숴야 합니다. 더 큰 일도 겪고 살았잖아요."

저는 정치인 그 누구도 피해 현장에 방문해 울먹이는 주민에게 이렇게 얘기하는 것을 보지 못했습니다. 물론 따뜻한 포옹을 나누거나 함께 울어주는 정치인은 많이 있습니다. 그 역시 큰 위로가 될 수 있을 것입니다. 하지만 '내가 도와줄게, 걱정 마'이 위로보다도 상대의 삶을 존중하고 거기서 희망을 볼 수 있게 의지를 북돋운 한마디 '더 큰 일도 겪고 살았잖아요'라는 말을 들으며 저는 알 수 없는 눈물이 자꾸 흘렀습니다.

곰곰 생각해보니, 머리를 질끈 동여맨 그 아주머니가 나의 어머니일 수도, 나의 가족일 수도 있겠다는 생각을 했던 것 같습니다. 그리고 일생을 고생하며 쌓아온 노력이 일순간 무너지는 외롭고 고독한 순간에, 우리 사회가 그리고 정치가 그 손을 잡아줄 수 있다면 저는 너무도 큰 고마움을 느낄 것 같고 비로소 그때 우리 사회가 살 만한 곳이구나 하는 생각이 들 것 같습니다.

거기서 저는 감히 '희망'을 봤습니다. 정치가 국민에게 혐오가 아닌 감동을 줄 수도 있겠다 싶은 조심스러운 희망 말입니다.

저와 비슷한 것을 본 사람들이 또 있었나 봅니다. 다만 그들은 순식간에 불쑥 튀어나온 이낙연(이후 NY)의 재치이자 감각이라고 표현하는 것을 들었습니다. 저는 그렇지 않다고 얘기했습니다. 오랜 세월 차곡차곡 쌓아온 지극히 자연스러운 한마디였다고 생각하기 때문입니다.

그래서 제가 봐온 정치인 NY를 여러분께 알려드리고자 마음먹었습니다.

가장 먼저 들었던 걱정은 '내가 뭘, 얼마나 알까?'였습니다. 얄팍한 지식과 생각으로 타인을 내 멋대로 지레짐작하는 건 아닐까 하는 것이었습니다. 그런데 저보다 NY를 더 모르거나 한 번도 보지 못한 사람들도 그를 평가하는 걸 보고 용기를 얻었습니다. 그리고 가까이서 보고 겪은 일을 대중에게 알리는 것이 국민의 세금으로 10년을 살았던 저의 작은 보답이자 의무라는 생각도 들었습니다.

두 번째 걱정은, 보좌관이라면 결국 한통속 아닐까라고 생각을 하실 것이 염려됐습니다. 결국 짜고 치는 정치판의 뻔한 얘기일 것이라는 단정이 저의 노력을 섭섭하게 만들 것 같았습니다.

그러나 저는 이 글을 사전에 NY에게 보여주고 검열을 받거나 기획하지 않았다는 것을 밝힙니다. 최대한 포장이나 과장을 하지 않고 담담히 얘기하자는 결심을 항상 옆에 두고 글을 썼습니다. 그래서 호칭도 존칭이 따라 붙지 않는 'NY'라고 적기로 마음먹었습니다. 그런 뜻을 살펴서, 나이 어린 제가 NY라고 함부로 부르는 것에 양해를 바랍니다.

오히려 보좌관이라는 신분에서 처음으로 시도한 '을乙'의 반란으로 봐주시면 좋겠습니다. 이런 문화가 자리 잡아 국회의원들이 보좌관을 함부로 대하는 일이 없다면 더 좋겠습니다.

마지막으로 살벌한 동물의 세계와 같은 정글에서 의도하지 않은 일에 저의 글이 악용될까 하는 걱정이 가장 컸습니다. 그러나 제가 다른 의도가 아니라 사실의 전달이라는 진심에 충실하다면 그 진심은 꼭 전달될 것이라는 누군가의 조언이 큰 힘이 됐습니다.

저는 검정고시를 봐서 법대를 갔고, 대학을 졸업하고는 고시원에서 월급 35만 원을 받는 총무로 2년 넘게 일했습니다. 그러다 우연한 기회에 국회 인턴 채용 공고를 보고 발을 디딘 것이 계기가 돼 국회 보좌진으로 10년을 일했습니다. 아무런 '빽'도 특별한 것도 없는 지극히 평범한 사람이었습니다. 그 흔한 국회 견학

한 번 가지 못해 국회 안에 들어가본 적도 없었습니다.

그랬던 이가 정치 일선에서 일하며 법안을 만들고 정부 예산을 심사하며 선거를 기획하는 일까지 겪었습니다. 여러분과 다를 것 없는, 심지어 훨씬 모자란 제가 우연한 기회를 얻어 겪게 된 정치 현장의 이야기입니다.

누군가 정치는 '희망을 파는 장사'라고 했습니다. 저는 정치가 국민에게 희망을 넘어 감동을 주기를 바랍니다. 그리고 NY를 통해 발견한 감동의 정치가 더 많은 정치의 영역에 확산돼 우리 사회에 외롭고 쓸쓸히 쓰러지는 사람이 단 한 명도 없기를 원합니다.

새로운 정치라고 하면, 혜성처럼 등장하는 신인 누군가에게서 발견해야 하는 것 같지만, 소름이 돋을 만큼 신선한 충격을 받은 것은 20년 된 기성 정치인 NY에게서였습니다. 대정부질문에서 국회의원들의 비비 꼬는 질의에 품격을 갖춘 일침을 가할 때, 사고 현장을 방문해 관료들의 뻔한 대응을 일일이 파고들어 피해 주민들의 속을 시원하게 달래줬을 때 우리는 짜릿한 신선함을 경험했습니다.

그러나 그것은 그동안 없던 정치인의 모습이 아니라, 우리가 그동안 정치를 혐오로 거리를 두며 낡고 노회한 정치인들을 협잡이나 하는 뻔한 족속으로 싸잡아 규정하는 동안 놓친 정치의 긍정적인 모습들이 아니었을까요.

그래서 저는 가까이서 본 정치인의 모습을 여러분께 알리고자 합니다. 이런 시도가 더 많아져 혐오가 아닌 애정 어린 비판으로 발전적인 미래를 함께 만들어가기를 기대합니다.

저 혼자만의 기억과 시선은 한계가 있기에, 국회의원 14년, 도지사 3년, 국무총리 2년 8개월 동안 가까이서 보좌했던 사람들을 30명 가까이 따로 만나 증언과 사례를 보충했습니다.

NY는 특정 인물이기도 하지만, 나와 우리 삶에 영향을 미치는 '정치' 그 자체입니다. NY에 대한 정확한 이해를 바탕으로 끊임없는 지적과 보완이 이뤄진다면 우리가 함께 만드는 '정치'를 통해 우리 사회가 더 나은 곳이 되리라 믿습니다. 제 이야기를 통해 우리 삶에 영향을 미치는 '정치'가 어떤 것이며 어떠해야 하는지 잠시나마 생각해볼 기회가 된다면, 저는 더 바랄 것이 없습니다.

NY의 정치 인생 곁에 늘 함께해온 보좌관 최충규, 총리의 길이 늘 바른 곳이길 바라며 헌신해온 남평오, 길을 가르쳐주고 손을 잡아주는 든든한 형님 이경호, 힘든 길을 마다하지 않는 동지 노창훈, 김대경을 비롯해 오늘도 묵묵히 자신의 이름을 드러내지 않고 희망찬 사회를 만들기 위해 애쓰는 보좌진 여러분께 이 글을 바칩니다.

2020년 2월 종로에서

내 인생의 이낙연

감동을 파는 장사꾼

:: 저는 NY와의 첫 만남을 잊을 수가 없습니다. 그 순간의 공기는 그대로 박제돼버린 듯 10년이 다 된 지금까지도 머릿속에 그대로 남아 있습니다.

"헤어진 연인이 가장 생각나는 때는 언제인가?"

수많은 면접을 경험했지만 이런 질문을 받아본 것은 그때가 처음이었습니다. 더구나 딱딱하고 비정할 것만 같았던 정치 한복판 여의도 1번지에서 그런 질문을 받을 줄은 꿈에도 몰랐습니다.

2010년 6월 10일, 국회의원 이낙연 의원실은 5급 비서관을 뽑고 있었습니다. 저는 6급 비서로 다른 의원실, 그것도 당이 다른 의원실에서 1년여 동안 일한 상태였고 당시 5급으로 지원하기에는 경력이 일천했을 뿐 아니라 당도 달라 선발될 가능성이 매우 낮았습니다.

나중에 들은 얘기로는 당시 5급 비서관의 경쟁률이 매우 높았다고 합니다. 18대 국회는 당시 통합민주당의 의석수가 81석에 불과해 17대 국회 당시의 열린우리당(152석)과 새천년민주당(9석) 출신 보좌진들의 취업난이 심했습니다. 게다가 직업으로서의 보좌진 세계가 외부에 알려지기 시작한 시기이기도 해서 진입로가 매우 좁은 상황이었습니다.

큰 기대를 하지 않았던 저는 지원한 것을 잊고 있을 정도였고, 면접을 보러 오라는 뜻밖의 연락에 집에서 쉬고 있다가 벌떡 일어나 달려갔습니다.

의원실에 도착하니 저 말고 다른 경쟁자가 둘이나 더 있었는데, 한 명은 서울대 출신의 현직 언론사 기자였고, 다른 한 명은 대기업 홍보팀에 재직 중인 재원이었습니다.

이력서의 스펙에서 뒤질 수밖에 없는 저는 빈칸을 화려한 직장 경력보다는 살아왔던 인생의 소소한 경험들로 대체했습니다. 야학 교사, 편의점 알바, 신문 배달원, 고시원 총무 같은 일을 했던 것들이 그것인데, 그런 경험에서나마 제가 깨우치고 배운 교훈을 담았습니다.

야학 교사를 하는 동안 늦은 밤 늦깎이로 검정고시를 준비하는 장년층 학생들의 애환을 배웠고, 고시원 총무를 하면서는 월 20만 원의 월세도 빠듯해 힘겨워하는 청년들과 서민층 원생들의 삶 속에서 2년 넘게 부대꼈습니다. 저는 이런 이야기를 스스럼없이 담았습니다.

결국 저의 방식이 통했던 것입니다. 나중에 NY는 선발된 제게

서울대 법대에 다니던 20대의 NY

이렇게 덕담했습니다.

"자네는 경험이 참 많네. 그것은 매우 좋은 일이지만, 그에 기대어 한쪽으로 치우쳐서는 안 되네."

당시엔 그 덕담이 무슨 의미인지 잘 몰랐습니다. 시간이 지나고 나서야 제 경험에서 얻은 주관이 항상 옳다는 생각을 버리라는 뜻인 것 같다는 생각을 했습니다.

어쨌든 1차로 선발된 셋은 1시간 동안 각자 받은 A4 용지와 펜 하나를 들고 주어진 문제에 대해 논술 시험을 봤습니다. 아마도 논술 시험을 봐서 보좌진을 뽑는 의원실은 이곳이 유일하지 않았나 싶습니다.

광주제일고 재학 중에 찍은 앨범 사진(왼쪽)과 사회 초년병 시절의 NY

당시 논술의 주제는 간단한 시사 현안 두 가지였는데, 노인 정책과 정치 현안에 대한 생각을 자유로이 적는 식이었던 걸로 기억합니다. 그렇게 생각지도 못했던 논술 시험을 치른 셋은 답안지를 들고 드디어 NY 앞에 둘러앉았습니다.

TV에서만 보던 NY의 앞에 앉은 저는 기대와 호기심이 컸습니다. 마침내 입을 연 NY는 앞에서 언급했던 질문을 저희에게 던졌습니다.

헤어진 연인이 생각나는 순간? 제 머릿속에선 바로 답이 나왔습니다. 그러나 채 입이 떨어지지 않았습니다. '중진의 국회의원이 낸 구술 면접의 답이 설마 그렇게 뻔한 것일까? 에이, 아닐 거야' 하는 생각 때문이었습니다.

하지만 잠시 후 제 생각이 정답이었다는 것을 알고 무릎을 쳤습니다. 정답을 알고서도 답을 하지 못한 제가 너무 한심했습니

1980년 결혼 후 신혼여행을 다녀와 부부가 나란히 전주 덕진공원을 거닐던 모습

다. 답을 알고도 말하지 못한 것은 답을 모르는 것보다 더 바보 같은 일 같았습니다. 더구나 제 선입견의 무게로 생각을 짓눌러 버린 바보 같은 그 순간이 늘 후회로 남습니다. 그러나 NY와 아주 조그만 부분이나마 '코드'가 일치한다는 것을 확인한 기쁨을 얻은 것은 큰 수확이었습니다.

NY의 정답은 이랬습니다.

"함께 들었던 음악을 들었을 때라네."

NY가 대체 이 문제를 왜 낸 것인지는 아직도 모릅니다. 아무런 설명도 해주지 않았으니까요. 하지만 추측은 해볼 수 있습니다. 혹시 사람의 마음을 아는지 테스트해본 것은 아닐까요? 한 번쯤은 '사랑'과 '이별'의 경험이 있을 것입니다. '사랑'은 사람의 감정 중 가장 절실하고 애틋한 것일 테고 그 감정을 이해하는 것은 사람을 아는 것이라고 생각합니다.

혹자는 '정치가 사람의 마음을 사고파는 장사'라고 얘기했습니다. 물건을 파는 장사꾼은 사려는 소비자가 무엇을 좋아하는지, 어디서 마음이 움직이는지 읽을 줄 알아야 합니다. 마찬가지로 정치는 국민을 위해 정책을 만들고, 국민 앞에서 하는 말 한마디에도 국민의 마음을 담아야 합니다. 마음을 읽는 기초 자료로서 사람의 '감정'을 얼마나 이해하고 있는지 테스트해보고자 했던 것은 아닐까요?

NY가 그 얘기를 하려던 것이라고, 한심하고 무지한 저는 10년 가까이 돼서야 비로소 깨닫습니다.

저는 이렇게 살 자신이 없습니다

:: 택시를 타고 국회에 가는 때면, 택시 기사님들이 하나같이 질문을 하십니다.

"여기서 일하세요?"

보좌진이라면 한 번쯤은 겪어봤을 상황에, 누구도 '그렇다'고 쉽게 대답하지 못하는 이유는 그 뒤에 이어질 택시 기사님의 긴 비난 때문입니다. 국민들의 정치 혐오는 생각보다 상당합니다. 허구한 날 싸움질만 하는 국회의원들이 꼴도 보기 싫어, 심지어 그들이 모인 곳인 국회를 '쓰레기장'이라고 부르기도 합니다.

그런 곳에서 일하는 사람이라고 하면, 이어질 얘기들이 뻔합니다. 덕담이라면 그나마 괜찮지만, 싸잡은 비판은 견디기가 쉽지 않습니다. 이어지는 야근에 몸과 마음이 지쳐 있거든요.

제가 처음 국회에 들어올 때의 생각도 사실 택시 기사님들과 크게 다르지 않았습니다. 음모와 협잡으로 가득 찬 곳이라거나 감히 넘볼 수 없는 높은 곳이라는 정도의 생각이 깔려 있었으니까요.

저는 법대를 졸업하고 고시원에서 총무를 하며 사법시험을 준비하던 고시생이었습니다. 국회는 그 흔한 견학 한 번 간 적이 없고, 아니 심지어 국회 경내 안으로 들어가본 적도 없는, 정치와는 아주 거리가 먼 청년이었습니다.

국회에서 인턴을 뽑는다는 공고를 보고, 호기심과 막연한 기대로 접했던 것이 저의 진로를 바꾸고 직업 보좌관이 되게 하는 계기가 됐습니다.

통합민주당 모 의원실의 인턴비서로 출근을 하게 된 제가 접한 국회는 생각했던 것과는 전혀 다른 곳이었습니다. 물론 그때가 국정감사를 앞두고 1년 중 가장 바쁜 시기였기 때문이기도 하지만, 어쨌든 가장 크게 놀랐던 것은 국회가 꽤 열심히 일을 하고 있다는 사실이었습니다. 놀러 다니고 싸움질이나 하며 뒤에서 더러운 돈을 챙기는 모습이 그동안 드라마와 영화에서 보던 국회의 모습이었는데요.

어쨌든 그렇게 10년을 저는 국회에서 일했습니다. 이쯤 되니 주변 사람들은 이렇게 묻습니다.

"꿈이 뭐야?"

마흔이 넘은 사내에게 장래 희망을 묻는 것이 어쩌면 매우 발전적이고 긍정적인 일 같지만, 이 질문을 듣는 저는 그리 반갑지 않습니다. '보좌관'이란 직업이 무언가 다른 일을 하기 위해 거쳐

李 지사, 휴가 하루만에 반납 이유는…

복합리조트 대상지 선정 임박…여수 경도 유치 위해

지난 3일부터 7일까지 여름휴가에 들어갔던 이낙연 전남도지사가 4일 갑자기 휴가를 반납하고 하루 만에 업무에 복귀했다.

이는 정부의 복합리조트 사업 대상지역 선정이 임박한데 따른 것이다. 복합리조트 사업에는 여수 경도를 포함해 전국 9개 지역이 경합을 벌이고 있다.

이 지사는 휴가에 들어간 3일 낮에는 일본 우호방문단(대표 오노 신야 전 중의원 의원)을 만나 한일관계 개선에 관한 간담회를 가진데 이어 4일 오전에는 함평골프고등학교를 방문, 학생들을 격려하고 지원방안 검토를 실무자에게 지시하는 등 사실

상 업무를 계속했었다.

그는 4일 중앙정부와 국회 요인들에게 전화를 걸어 복합리조트 사업 대상에 여수 경도가 포함돼야 한다고 설득하는 등 복합리조트사업 유치활동을 벌였다.

이 지사는 "휴가지만 복합리조트 대상지역 선정이 임박한 점을 감안, 선정이 끝날 때까지 필요할 경우 서울을 오가며 유치노력을 계속할 것"이라고 말했다.

이에 앞서 이 지사는 지난달 30일 여수 경도를 방문, 현장을 점검하고 "해양관광단지인 여수 경도는 국내에서 유일하게 섬 하나가 통째로 개발되어 복합리조트로 손색

이 없다"며 "이미 문화체육관광부 장·차관을 비롯해 국회 교육문화체육관광위원회 소속 의원들에게 경도가 복합리조트로 선정되면 호남권에 중국 등 외국 관광객을 대규모로 수용할 수 있는 최초 거점이 마련된다는 정책적 의미를 충분히 설명한 만큼 좋은 결과가 있을 것으로 기대한다"고 밝혔다.

전남 동부권의 여수·순천·광양 상공회의소는 지난 3일 청와대와 문화체육관광부에 '경도 복합리조트' 유치를 위한 청원서를 제출했다.

이들은 청원서에서 "전국에 16개 외국인 카지노가 운영 중이지만 호남에만 유일하게 카지노가 없다"며 "인근에 크루즈 전용부두가 있어 외국인 관광객 유치에 유리한 점과 지역 균형발전 측면을 고려, 여수 경도를 이번 복합리조트 지역 선정에 꼭 포함시켜야 한다"고 주장했다.

／오치남 기자 ocn@namdonews.com

2015년 8월 5일 남도일보에 실린 '이지사, 휴가 하루 만에 반납 이유는…'

가는 중간 과정이라거나, 심지어 제대로 된 직업이 아니라는 인식이 깔려 있는 것은 아닐까 싶기 때문입니다. 뭐, 대체로 '출마 언제 할 거야?'라는 질문의 다른 표현일 것도 같습니다.

저는 원래부터 정치와는 거리가 먼 삶을 살았을뿐더러 국회에 들어오고 나서는 더더욱 출마를 생각해본 적이 없고, 그런 생각은 NY를 만나고 나서 정점에 달했습니다.

의원 시절의 NY는 자신의 삶이라고 부를 수 있는 게 없었습니다. 독서나, 사람들과 나누는 막걸리 몇 잔이 고작입니다. 매일 아침 8시 반 회의를 시작으로 한 하루의 일과는 매우 빽빽합니다. 여름휴가와 공휴일을 제외하곤 단 하루도 쉬어본 적이 없습니다. 이마저도 저희 보좌진들은 여름휴가를 가지만, NY 본인은 휴가

국회의원 시절 주말마다 지역을 돌며 받아 적은 민원들이 빼곡히 적힌 수첩

도 반납하기 일쑤입니다.

그런가 하면 NY는 금요일 저녁부터 시작해 일요일 밤까지 제 기억에 단 한 번도 빠지지 않고 지역구에 갔습니다. 혹자는 '금귀월래金歸月來'라고 부르기도 합니다. 금요일에 고향에 갔다 월요일에 복귀한다는 뜻입니다. 누구보다도 이를 엄격히 지킨 것이 NY입니다.

월요일 아침 회의가 시작되면 NY는 가방을 열고 온갖 서류들을 끄집어냅니다. 그곳에는 빽빽히 메모가 돼 있습니다. 그것들은 고스란히 저희들의 일주일치 과제가 됩니다. 지역 구석구석을 누비며 듣고 받아 적은 민원들입니다. 정부 정책이 시골 현장에 미치는 모습부터 지방자치단체에 바라는 소소한 개선 사항까지 다양합니다.

그나마 주말이라도 집에서 푹 쉬고 출근한 저는 순간 부끄러워집니다. 제가 쉬는 동안에도 NY는 지역 곳곳을 다니며 현장의 목소리를 듣고 눈으로 직접 확인하고 온 것이니까요.

그래서 책상에만 앉아 중앙 정부 공무원들의 입장만 듣고 있던 저는 도무지 현안 파악을 따라갈 수가 없었습니다. 국무총리가 된 NY가 대정부질문에서 국회의원들의 질의에 답하는 것을 보고, 혹자는 '보좌진들의 철저한 준비'가 한몫했다고 얘기하지만, 그 답변들은 타인의 보조나 준비가 아니라 이처럼 현장을 철저히 누비며 쌓아온 NY 본인의 내공 탓입니다.

저는 도무지 이렇게 살 자신이 없습니다. 그래서 저는 제 이름으로 된 정치를 하겠다는 꿈을 조금도 꾸지 않게 됐습니다.

"고개 들어, 이 사람아"

:: NY를 생각하면 어떤 단어가 떠오르냐는 질문에 보좌진 출신들은 '엄부'를 얘기하곤 합니다. '엄한 아버지'는 가부장의 상징입니다. 권위를 바탕으로 한 상명하복의 수직적 가족 관계라는 부정적 이미지가 뒤따라 붙습니다.

그러나 NY가 가진 '엄한 아버지'의 이미지는 그것과는 사뭇 다릅니다. 권위로 자신의 의견을 강요하거나 상대의 지위를 따져 의견을 묵살하는 일은 없기 때문입니다.

여기서 말하는 '엄하다'는 것은, 어떤 일이나 행동이 잘못되지 않도록 주의를 철저히 한다는 뜻입니다. 실제로 NY는 직원들의 작은 실수에도 따끔히 혼을 냅니다. 눈물이 쏙 빠지도록 말입니다. 그래서 NY와 일을 같이 해본 사람들은 NY를 '어렵다' '깐깐하다'고 평가합니다. 흐트러지지 않는 기강과 긴장을 유지하고 업무에 실수가 없기를 바라는 마음에서 비롯된 것 같습니다.

이러한 업무의 엄격성은 성공한 리더들에게서 자주 드러나는 특성이기도 합니다. 그래서 NY만을 설명하는 특징으로 삼기는 어렵습니다.

NY를 이해할 수 있는 키워드는 바로 다음에 뒤따라옵니다. 바로 '아버지'라는 단어입니다.

냉정한 사용자는 최적의 성과를 위해 직원들이 자신의 지시 사항대로 따르기만을 기대하지만, NY는 직원들이 숙련의 과정을 거쳐 능력이 향상되기를 기대합니다. 호된 지적을 하지만 궁극적으로 교훈을 남기고자 합니다. 그와 일했던 보좌관들은 대부분 이렇게 얘기합니다.

"힘들었지만, 참 많이 배웠다."

그래서 혹자는 '훈장 선생님' 같다고 평가하기도 합니다. 그의 훈련 방식은 일종의 도제식과 흡사합니다. 도제 관계란 스승과 제자의 관계인데, 일을 하면서 어깨 너머로 기술을 습득해가며 훈련하는 방식이 바로 NY가 직원들을 대하는 방식입니다.

하지만 여기까지의 이야기만으로 '아버지'의 모습을 엿보기엔 부족합니다. 오히려 스승과 제자의 관계라면 모를까.

하나의 사례를 살펴보겠습니다.

2012년의 일입니다. 당시 국회 보건복지위원회 위원이었던 NY는 '어린이 식생활 안전관리 특별법 개정안'을 냈습니다. 기존의 '어린이 기호식품 신호등제'는 어린이 비만을 예방하기 위해 과잉 섭취의 우려가 높은 당류, 포화지방, 나트륨 등의 함량을 녹색(낮음), 황색(보통), 적색(높음)의 신호등 색깔로 나타내는 것으로, 알아보기 쉽다는 장점과 함께 정보를 오해할 수 있다는 지적도 있었습니다.

가령 빨간색에 대한 거부감으로 인해 좋은 식품도 나쁜 식품으로 오해할 수 있다는 것인데, 치즈의 경우 지방과 나트륨 성분 때문에 적색 신호등 표시를 하게 돼 어린이들에게 몸에 좋은 식품임에도 부정적인 인식이 생길 수 있습니다. 실제로 식품 기업들이 이를 기피해 시행 1년이 다 되도록 참여하는 업체가 두 곳(2011년 10월 기준)뿐이어서 실효성이 없다는 지적도 있었습니다.

그래서 2009년 식품의약품안전청이 고시로 추진한 '영양성분 앞면표시제'(열량, 탄수화물, 당류, 지방 등 중요 영양성분의 함량을 표시하고, 일일 권장 섭취량에서 차지하는 비율을 명시하는 제도)를 신호등제의 대안으로 제시하는 법안을 낸 것입니다.

당시 이 법안은 정책을 담당했던 제가 전적으로 맡아 준비했고, 이러한 문제점과 대안만 보고하고 법안을 발의했습니다. 그런데 당시 저희가 제시한 대안이 식품업계의 요구 사항과 일치한다는 것만을 근거로, 모 언론사가 이를 두고 식품업계의 로비가 있었던 것 아니냐는 의혹을 제기했습니다.

무척 억울했습니다. 로비라고 하려면 최소한 청탁이 있고, 그 대가를 주고받거나 그렇게 하기로 약속을 했어야 하는데, 그러한 증거 없이 업계의 요구 사항과 법안의 내용이 일치한다는 것만으로 곧장 로비가 있었다는 의혹이 어떻게 가능할까 싶었습니다.

더구나 당시는 총선을 불과 3개월 앞둔 시점이었습니다. 청천벽력 같았습니다. 저 때문에 선거를 앞둔 NY가 피해를 볼까 봐 너무나 두려웠습니다. 아무것도 모른 채 지역구에 내려가 있는 NY에게 어떻게 보고를 해야 하나 싶었습니다.

결과책임을 지고 사직을 하는 것이 당연하다 싶었습니다. 그런데 문제는 저 하나 그만두는 것으로 3개월 앞둔 총선에 가져올 피해를 씻는 데 손톱만큼도 도움이 안 된다는 것이었습니다. 평생 떨칠 수 없는 죄책감을 져야 할까 봐 두려웠습니다. 그날 밤 뉴스가 나가고 NY는 제게 전화를 걸었습니다. 화도 내지 않았습니다. 다만 긴 한숨이 전화기를 타고 들려왔습니다.

다음날 아침 지역에서 올라온 NY 앞에 보좌진들이 둘러앉았습니다. 저는 고개를 푹 숙이고 있었습니다. 어떤 말로도 미안함을 표현할 길이 없었습니다. 의도가 순수했고 취지가 옳았더라도 조그만 의혹의 가능성을 차단하지 못했다면 그 책임은 정치인이 지는 것이 맞고, 정치인에게 그 책임을 지운 당사자가 저라는 사실에 죽고 싶을 만큼 마음이 아팠습니다.

그리고 처분을 기다렸습니다.

"고개 들어, 이 사람아. 자네가 뭘 잘못했나?"

오타 하나에도 불호령이 떨어지곤 했습니다. 세금을 받고 일하는 공직자의 실수를 조금도 용납하지 않는 NY에게서 예상할 수 없는 반응이었습니다.

2012년 국회 보건복지위원회 상임위장에서 NY와 뒤에 배석한 저자

　그 순간 눈물이 쏟아졌습니다. 미안함과 두려움에 뜬눈으로
골방에 멍하니 앉아 날을 새운 지난밤이 떠올랐습니다. 세상 그
누구도 내 편 하나 없는 것 같은 외로움이 가장 아팠습니다.

　그 모든 고통을 한순간에 씻겨준 NY는, 보좌진의 작은 실수는
용납하지 않지만 업무에 대한 믿음은 갖고 있었던 것입니다. 그
래서 믿고 맡겼던 것이고, 그 과정에 이르는 동안엔 조금도 흐트
러지길 원하지 않았기에 다그쳤지만, 그렇게 이뤄낸 결과라면 그
걸 탓하지는 않았던 것입니다.

　아마도 이런 모습에서 '아버지'를 떠올린 것은 아닐까 짐작해
봅니다.

　한편 이 문제는 그해 총선에서 상대방 후보가 토론회에서 공
격하는 빌미를 주었고, 5년이 지난 후 국무총리 인사 청문회에서

까지 다뤄져 두고두고 제 맘을 아프게 짓눌렀습니다.

몸에 밴 겸손

:: 2017년 5월에 열린 국무총리 인사 청문회 모두발언에서 NY
는 다음과 같이 얘기합니다.

"이번 청문회를 저의 누추한 인생을 되돌아보고 국가의 무거
운 과제를 다시 생각하는 기회로 삼겠습니다."

그런가 하면 이렇게도 말했습니다.

"보잘것없는 제가 문재인 정부 첫 국무총리 후보자로 지명돼
두려운 마음으로 여러분 앞에 섰습니다."

서울대 법대, 동아일보 기자, 4선 국회의원에 전남 두지사까지
지낸 인생을 '누추하다'고 표현하는 것이 혹자는 과하다고 말합
니다. 지나친 겸손이라는 것입니다. '보잘것없다'는 표현도 마찬
가지입니다.

그런데 NY를 보좌했던 사람들 가운데 그의 겸손을 부인하는
사람은 못 봤습니다. 그의 겸손이 실질과 다른 겉치레가 아니기

이낙연
10월 28일 오전 09:24

평소와 다름없는 출근이건만, 기자들께서 기다리십니다. 부족한 제가 민주화 이후 최장수 총리가 됐다는 이유. 국민께 더 낮게, 더 가깝게 다가가며, 더 멀리 미래를 준비하는 내각이 되도록 노력하겠습니다. 오늘과 내일은 국회 예결위에서 의원님들의 질의에 답변드립니다.

2019년 10월 28일 최장수 총리 기록을 경신한 날 카카오스토리에 올린 글

때문입니다.

NY가 즐겨 쓰는 말 중에 이런 것도 있습니다. '분에 넘치다.' 가진 것에 비해 받는 것이 많다는 뜻입니다.

NY의 겸손에 대해 머니투데이 박준식 기자는 '염치'라는 단어로 설명합니다.

이총리와 같이한 자리에서 '비상한 머리로 서울대 법대에 합격하고서 왜 고시에 도전하지 않았는가' 물었다. 돌려 말하지 않고 그는 '염치가 없었다'고 고백했다. 한 친구가 군 전역을 한 그에게 월급을 나눠 주며 고시 공부를 지원해줬다고 한다. 하지만 일곱 달 만에 포기하고 말았다. 고향의 동생들과 친구 보기 부끄러워서다. 전남 영광에서 7남매 맏이로 태어난 그는 분유를 쌀뜨물 수준으로 물에 묽게 타 먹고 커온 형편이었다. 형제들을 대신해 상경 진학했으니 느긋하게 준비할 여유는 없었다.(머니투데이 2019.10.30. '이낙연의 염치')

2016년 11월 광화문광장에서 열린 촛불집회에 참석해 촛불을 들고 있는 모습

2019년 10월 28일 최장수 총리 기록을 경신하던 날 NY가 SNS에 올린 글에서도 나타납니다.

"부족한 제가 민주화 이후 최장수 총리가 됐다는 이유."

이쯤이면 한두 번 인사치레로 하는 '겸손'이 아닌 것을 여러분께서도 아시리라 생각합니다. 그것이 형식적인 겸손이 아니라는 증거는 또 있습니다. 2016년 11월 광화문에서 촛불집회가 한창이던 때였습니다.

당시 전남지사였던 NY도 이 집회에 참가합니다. 보통의 정치인이라면 참석한 기회에 중앙의 무대에도 오르고 마이크라도 잡거나, 그도 아니면 맨 앞에서 사진이라도 남기고자 합니다.

그런데 당시 수행을 했던 이의 증언에 따르면 NY는 다녀간 흔적도 없이 조용히 뒤쪽 한편에 서서 지켜보다 내려갔다고 합니다. 겸손함과는 거리가 좀 있을지 몰라도, 자신을 낮추고 드러내지 않으려는 마음과 진정성은 그것에 맞닿아 있다고 생각합니다.

어쨌든 저는 NY의 겸손이 다음의 두 가지 이유에서 비롯됐다고 생각합니다.

하나는 그의 '한결같은 성품' 때문이라고 생각합니다. NY가 스스로 자랑스레 생각하는 일 가운데 하나는 한 번도 당을 옮기지 않았다는 것입니다. 2000년 정치를 시작한 이래 격동의 정치판에서 한 번도 당을 옮기지 않고 한길을 걸었다는 것입니다.

변함없이 한곳을 지키는 자세는 그가 국무총리를 하든, 국회의원을 하든 달라지지 않는 것 같습니다. 그것은 훨씬 과거로 거슬러 올라가 유년 시절부터 대학 생활까지 이어진 극심한 가난에서 비롯된 것 같기도 합니다.

NY가 소개팅으로 만난 현재의 부인 김숙희 여사와의 첫 대화는 이랬다고 합니다.

"학교를 제대로 다니지 않은 사람을 보면 어떤 느낌이 드십니까?(NY)"

"그건 왜 물으시는지요?"

"실은 제 가족이 그렇습니다."(경향신문 인터뷰 2019.12.14.)

고생스러운 삶을 살아온 자신의 인생을 부정하지 않고 고스란

7남매와 어머니

히 지키고 있는 한결같음이 그대로 표출된 것이 바로 'NY의 겸
손'이 아닐까 하는 것입니다.

또 하나는 부채 의식입니다.

가난했던 환경 탓에 7남매 가운데 유일하게 서울에 있는 대학
에 갔습니다. 그의 남매들은 NY처럼 명석함에 모자람이 없습니
다. 그런데도 장남에게 모든 것을 몰아준 가족의 헌신이 늘 마음
구석에 남아 있다고 봅니다.

"제 가족을 포함해 못 배우고 가난한 이웃들이 저를 멀게
느끼지 않기를 늘 바랐다. 대학 다닐 때나 기자 할 때 시골
에 가면, 일부러 허름한 옷을 입고 돌아다녔다."(경향신문 인터뷰
2019.12.14.)

그것은 비단 가족뿐 아니라 시대와 대중에 대한 부채감일 수도 있습니다. 동아일보 기자 출신으로서, 국무총리 인사 청문회에서 해직 언론인에 대한 부채 의식을 밝힌 적도 있습니다.

"(언론인 해직 사태에 대해) 살아남은 자의 부채가 평생 따라다니고 있습니다. 해직돼서 큰 고통을 겪으신 선배들께 늘 죄송하게 생각합니다."

그래서 그러한 미안함에 NY는 튀지 않으려고 노력하는 것은 아닐까 싶습니다. 늘 자신을 낮추고 상대를 높이는 것이 몸에 밴 것이라고 말입니다.

이처럼 NY의 겸손을 길게 얘기하는 것은, 그의 성품을 들어 칭찬을 하고자 함이 아닙니다. NY의 겸손이 또 하나의 현상을 만들어내기 때문에 끄집어낸 얘기입니다.

바로 국민을 대하는 태도입니다. 상대의 지위 고하를 떠나 경청하고 배우려는 자세, 또 이를 위해 한마디도 놓치지 않는 자세가 바로 오늘의 NY를 만든 것이라고 생각합니다.

총리가 되고 나서 회의를 하는 경우에도, 민간위원이 참석하는 회의라면 반드시 먼저 의견을 듣습니다. 그리고 원하는 모든 분께 발언 기회를 드립니다. 그런 다음에야 정부위원이 발언하도록 합니다.

그런가 하면 행사가 끝나고 사진을 찍을 때 상대의 키에 자신을 맞춥니다. 독립 유공자나 현장에서 헌신하는 근로자들에게 90도로 인사를 합니다. 정치인이나 정부 관계자들에게 인사하는 방식과는 다릅니다. 감사해야 할 국민에게 더 깊이 감사하려는 마음이 담겨 있다고 생각합니다.

이러한 NY의 마음은 전남지사 시절에도 드러납니다.

기업 등이 지방자치단체에 투자를 결정하고 협약식을 체결하는 이른바 투자협약식을 마칠 즈음 기념 촬영을 하게 되는데, 통상은 지방자치단체장이 사진의 중앙에 섭니다. 그 자리의 귀빈이라고 생각하기 때문입니다.

그러나 잘 생각해보면, 그 자리에서 감사해야 할 대상은 지방자치단체장이 아니라 그 지방자치단체에 투자하기로 결정한 내빈인 기업 관계자입니다. 그래서 NY는 전남도에 투자를 하는 기업 관계자가 제일 중요한 귀빈으로 사진의 중앙 자리에 서도록 했습니다.

2017년 9월 경기 고양 킨텍스에서 열린 '차세대 리더 육성 멘토링 리더십콘서트'에 참석한 NY의 발언을 통해 공손함을 강조하는 그의 생각을 전합니다.

"다나카 가쿠에이 전 일본 총리는 비서관을 채용할 때 인사를 공손히 하는 것을 유일한 시험으로 여깁니다. 인사를 한다는 것, 그리고 인사를 공손히 한다는 것은 여러분이 생각하는 것보다 훨씬 더 강렬한 인상을 다른 사람에게 주게 됩니다."

2017년 6월 9일 조류인플루엔자
최초 신고 지역인 제주 방역 초소를
찾아 초소 근무자들에게 감사
인사를 올리는 모습

2019년 9월 27일 경기 김포의
아프리카돼지열병 방역 현장을
방문했다가 협조해주시는 국민들께
감사 인사를 올리는 모습

2017년 8월 14일 이종열
독립유공자를 예방해 큰절을
올리는 모습

2017년 6월 6일 김몽익
국가유공자를 예방해 큰절을
올리는 모습

츤데레: 실제로는 따뜻하고 다정한 사람

:: 말씀드렸듯이 NY는 엄합니다. 그래서 마주하면 혹시 실수에 혼이 날까 봐 조심하게 됩니다. 그렇다 보니 '딱딱하다' '다가가기 어렵다'고 생각하는 이들도 있습니다.

그러나 가끔 NY를 통해 감동을 받기도 합니다.

'츤데레ツンデレ'는 쌀쌀맞고 인정이 없어 보이나 실제로는 따뜻하고 다정한 사람을 이르는 말입니다. 일본어이지만 우리도 최근엔 많이 쓰고 적당한 다른 단어가 생각나지 않아 부득이 인용합니다.

이런 적이 있었습니다.

2014년 도지사 선거를 앞두고 NY가 지역을 정신없이 돌던 시절의 일입니다. 하루는 제가 몸이 아파 조금 일찍 퇴근을 했는데, 그날 마침 NY가 저를 찾았던 모양입니다.

다음날 사무실로 갑자기 전화가 걸려 왔습니다. 제가 출근했는지 NY가 찾고 있었습니다. 전화기를 건네받자 NY는 "아프지 말고 건강 잘 챙기소"라고 한 뒤 전화를 끊었습니다. 출근을 잘했는지 궁금해 사무실로 전화를 건 걱정의 마음이 느껴졌고, 선거를 앞둔 경황없는 시기에 사소한 감기 몸살로 걱정을 끼쳤나 싶은 미안함도 들었습니다.

저뿐만 아니라 다른 사람의 기억에도 비슷한 모습이 남아 있었습니다.

2013년부터 NY의 비서를 했던 최권 씨에게 감동을 받은 기억이 있는지 물었습니다.

"(총리와) 일 얘기 말고, 제 사생활에 대해서는 얘기를 나눠 볼 기회가 없었어요. 그래서 저에 대해 알까 싶었죠. 그런데 도지사 선거 때였나, 영상 촬영을 할 일이 있었어요. 그때 앞을 보며 누군가와 대화를 하는 모습이 필요해서 당시 수행을 했던 저와 대화를 하게 됐어요."

정치인도 연예인처럼 카메라에 자주 노출되다 보니 어떤 시늉을 하는 등 연기가 필요할 때가 종종 있습니다. 특히 방송 카메라의 경우, 본 촬영에 앞서 상황 설정이나 현장 설명을 위해 스케치 촬영을 할 때, 바로 앞에 말한 상황처럼 누군가와 대화를 하거나 연설을 하는 모습이 필요합니다.

이때 등장하는 것이 바로 만만한 우리 보좌진들입니다. 모시는 의원과 마주 보며 어색한 대화를 하는 상황이 녹록지만은 않습니다. 입만 뻥긋하는 사람도 있겠지만 대부분 일상적인 대화나 일 얘기를 나누는데, 최권 씨는 바로 이런 상황의 기억을 들춰낸 것입니다.

"저는 이 어색한 상황을 어떻게 해야 하나, 무슨 얘기를 해야 하나 싶었죠. 그런데 뜻밖의 얘기를 듣게 됐어요. '자네는 왜 아직 결혼을 안 했는가? 누나는 어디서 뭘 하고 계시지? 부모님은 고향에서 안녕하시지?' 하는 거예요. 무척 놀랐습니다. 제 사생활은 전혀 모를 거라고 생각했는데, 이미 저에 대해 잘 알고 있었던 거죠. 직원들의 사적인 부분엔 무심할 거라 생각했는데 틀렸던 겁니다. 제게 누나가 있다는 것, 제 고향이 어디라는 것… '저를 알고 죽 지켜봐오셨구나' 하는 생각이 드니까 놀랍기도 하고 고맙기도 하고…."

국회의원과 보좌진은 일을 하기 위해 만난 근로계약 관계입니다. 여느 직장의 동료나 신후배도 그것은 마찬가지일 것입니다. 직장의 긴 근로시간은 때론 가족과 보내는 시간보다 훨씬 많습니다. 함께 보내는 시간을 기준으로 본다면, 현대인의 가족 관계는 고전적인 의미의 그것과 이미 달라져 있습니다. 하지만 바로 옆자리의 동료가 몇 형제인지, 집은 어디인지 잘 모르는 경우가 많습니다. 사생활에 대한 보호 차원일 수도 있겠지만, 관심의 적정

선을 넘지 않는 분리된 관계를 원하는 현대인의 모습이 아닐까 싶습니다. 그리고 그것이 결국 우리를 고독하게 만든 것은 아닐까 싶습니다.

어쨌든 이처럼 직장 동료의 경우에도 사적 영역이 불가침의 구획일 수 있다면, 조직의 수장과의 관계에서는 더더욱 거리감이 있을 수 있습니다. 그런데 이미 직원의 세세한 부분을 파악하고 있었다는 것을 우연한 기회에 알게 된다면 거기서 오는 감동은 꽤 클 것 같습니다.

비슷한 사례는 또 있습니다.

국무총리 시절, 모 식당에서 식사를 하고 나오는 길에 식당 주인에게 인사를 하며 수행과장을 가리켜 "이 친구도 고향이 전주입니다"라고 했다는 것입니다. NY를 수행하는 수행과장과 식당 주인의 고향 모두를 알고 있었다는 것입니다. 수행과장은 종일 이 얘기를 자랑하고 다녔다고 합니다. 소소한 일화이지만, 무심한 듯했던 직장 상사가 불쑥 던진 자신에 대한 관심을 발견하게 되면 거기서 오는 감동은 꽤 큰 모양입니다.

그런가 하면, NY는 좀처럼 직원을 앞에 두고 칭찬하는 일이 드뭅니다. 이를 두고 NY가 칭찬에 인색하다는 평가를 하는 사람도 있습니다. 그러나 저는 다르게 생각합니다. 왜냐하면 뒤에서 다른 사람을 칭찬하는 일을 종종 봤기 때문입니다.

이낙연
2013.10.25 오전 9:47

마음에 드는 것은 아니지만, 어쩔 수 없는 제 얼굴입니다. 10월 24일 광주지방국세청에서 국정감사하는 장면입니다. 제 얼굴을 볼 때면, 저는 '메주'를 떠올립니다. 어린 시절의 제 별명이 '메주'였습니다. 긴 얼굴에 룽룽한 볼이 메주처럼 보였던 모양입니다. 그 별명이 제 마음에 들었을 리가 없지요. 그러나 '메주'라는 별명을 제가 승복할 수밖에 없게 만든 운명적 사건이 생깁니다. 제가 장가를 들어 첫 아들을 얻었습니다. 아들은 제 눈으로 봐도 영락없는 메주였습니다. 어릴 적의 저는 하얀 메주였다고 하는데, 아들은 검은 메주였습니다. 저는 제 별명 '메주'를 받아들일 수밖에 없었습니다. 그 검은 메주도 이제 곧 어른이 됩니다. 제가 성공하지 못한 품종개량을 아들은 성공하기를 바랍니다. 사진 속에서 제 오른쪽 뒤에 앉은 젊은이는 저의 유능한 비서관 양재원군입니다.

2013년 10월 25일 카카오스토리에 사진과 함께 올린 글에서 저자를 칭찬하는 대목

2013년 10월 국정감사장에서 찍힌 NY와 저자(오른쪽 뒤)의 모습

2013년 10월 어느 날 불쑥 자신의 SNS에 글을 올렸습니다. 긴 글의 말미에 '유능한 비서관'이라는 표현을 했습니다. 처음 들어본 칭찬이었습니다. 저의 능력이 뛰어나다기보다, 인력이 부족한 까닭에 정책을 도맡아 이리저리 뛰어다니는 직원에 대한 격려를 하고 싶었던 모양입니다. 수고했다는 의례적인 한마디보다, 이렇게 주는 감동은 그동안의 모든 노고를 잊게 만듭니다.

NY는 아마도 앞에서 하는 칭찬은 자칫 그 사람이 오만해질까 봐 경계하는 것 같습니다. 그것이 츤데레 NY의 매력이고, 그 매력을 경험한 사람은 쉽게 그의 곁을 떠나지 못하는 것 같습니다.

수요자 중심주의

:: 기업은 대중의 수요를 예민하게 관찰하고 조사한 뒤 그것을 상품에 담습니다. 그런 까닭에 팔리지 않을 물건을 만들어내는 일이 없습니다. 정치는 경제보다 훨씬 더 국민의 요구가 밑바탕에 깔려 있어야 합니다. 국민적 수요를 세심히 탐구해야 한다는 점을 놓고 보면, 기업이야 이윤 창출을 위한 수단이지만 정치는 그것이 본질이기 때문입니다.

기업인은 소비자가 좋아하는 것이 무엇인지를 알아내서 마음에 들 만한 것을 만들어냅니다. 기업이 소비자를 가르치거나 설명하려 드는 일은 생각할 수 없습니다. 기업은 소비자가 듣고 싶은 얘기를 찾아내서 들려줍니다.

그런데 정치인은 자신이 하고 싶은 말을 대중에게 합니다. 그러다 보면 국민을 가르치려 들고 심지어 교화하려 듭니다. 설득하고 싶어 하고 왜 자신을 지지해야 하는지 설명하려 듭니다. 그 순간 대중은 정치에서 눈을 돌립니다.

한 가지 예를 들어보겠습니다.

축사는 행사에 부치는 덕담입니다. 보통은 사회 각 영역에서 발군의 지위에 오른 이들에게 축사의 자격이 주어집니다. 그래서 국회의원이나 고위 관료가 흔히 그 역할을 맡습니다. 국회의원의 축사는 주로 그 의원실의 인턴이나 비서들이 작성합니다. 특히 책자에 들어가는 서면 축사는 더욱 그렇습니다. 행사 책자 앞에 들어가는 국회의원의 축사를 읽어보신 적 있으신가요?

사람들이 얼마나 읽겠나 하는 생각에, 그만한 노력과 시간을 들일 필요가 크지 않다고 생각하는 것입니다. 그래서 작년에 했던 행사의 축사를 복사해 살짝 수정만 해서 내기도 합니다.

그러나 이낙연 의원실의 축사는 비서진의 상급자인 보좌관이 썼습니다. 심지어 전체 업무 가운데 가장 중요한 영역이었습니다. 다른 의원실의 보좌진들은 이를 두고 매우 의아해했습니다. 고작 축사에 왜 그리 신경을 쓰냐는 것이었습니다.

"행사장에 참석한 사람들이 가장 듣고 싶어 하는 얘기를 써라."

NY는 늘 이 점을 강조했습니다. 매우 당연한 얘기 같지만, 실제 행사장의 축사들이 과연 이 관점에서 다뤄지는지 살펴본다면 이게 결코 쉬운 얘기가 아니라는 것을 즉각 알게 될 것입니다.

통상의 축사들은 축사자의 소감을 다룹니다. 가장 흔한 것이 당일의 날씨나 참석자들에게서 받은 인상이나 감상이며, 행사와 관련된 축사자 개인의 경험이나 인연과 같은 것들입니다. 청자에 따라서는 거기서 재미를 느낄 수도 있겠지만, 참석자들이 축사자의 개인적 감상이나 듣고자 모여 있는 것이 아니라면, 정작 듣고 싶어 하는 얘기는 따로 있을 것이고, 축사자는 바로 그 얘기를 찾아내야 하는 것입니다.

2019년 12월 중소기업인 송년회 축사의 사례에서도 NY의 이런 부분을 발견할 수 있습니다.

"정부가 한 일을 과장하거나 포장하는 것을 극도로 경계하죠. 경제 상황을 있는 그대로 진단하고 참석자들의 어려움을 공감할 수 있어야 정부와 기업이 각자 해야 할 일, 과제도 설득력과 실행력을 가진다고 강조합니다."

총리의 연설문을 담당했던 이영옥 팀장의 이야기입니다. 정부 측 축사자는 보통 정부 정책을 홍보하거나 낙관과 희망을 강조하는 경향이 있습니다. 그러나 NY는 듣기 좋은 말보다 참석자들을 설득하고 안심시키는 데 주안점을 둡니다. 중소기업인 송년회의 경우, NY는 1년의 경제 상황과 성과, 풀지 못한 문제들을 짚고 다가올 국내외 경제 환경을 안목 있게 내다보며 그에 따른 정부와 기업의 역할을 제시했습니다.

축사는 행사에 참석한 이들과 나누는 또 하나의 대화입니다. 일방적인 공지나 홍보가 아닌 소통의 기회로 접근할 때, 참석자들은 더 이상 축사가 지루한 시간만은 아닐 것입니다. 심지어 참석자들의 마음을 두드려 열 수 있는 시간이기도 합니다. NY는 바로 그 점 때문에, 연설과 축사에 큰 비중을 두는 것입니다.

관련한 사례는 또 있습니다. 국회의원 시절 4년간 보좌했던 류경재 씨는 이렇게 회고합니다.

"지역 축사를 쓰고 있었는데, 당시에 LED등을 설치하는 행사가 있었습니다. 지금처럼 LED라는 용어를 많이 쓰던 시절이 아니었는데, NY가 LED가 뭐냐고 묻는 것입니다. 저는 사전을 찾아 의미를 설명했습니다. NY는 자신도 모르는 LED라는 용어를 지역민들이 알겠느냐면서, 쉬운 말로 바꾸길 원했습니다. 그런데 'LED'를 이해하기 쉬운 우리말로 바꾸기란 여간 어려운 게 아니었습니다. 'LED'는 그냥 'LED'라고 하는 게 좋겠다고 여러 번 말씀했지만, NY는 쉬운 말로 바꾸려는 고민을 한참이나 했습니다."

나도 알고 너도 아니까 생략, 또는 나는 몰라도 너는 알겠지, 남들이 다 안다고 하니까 알겠지 하는 생각으로 넘어가는 일이 우리 주변엔 참 많습니다. 그런데 NY는 좀체 넘어가지 않습니다. 듣는 사람의 입장에서 단 한 사람이라도 그게 무슨 말인지 모르는 얘기를 하고 싶어 하지 않습니다. 그래서 NY의 단어 선택은 매우 신중합니다.

2007년 1월에 개헌안을 두고 당시 한나라당 박형준 의원과 벌인 토론에서도 국민 중심의 시각이 여실히 드러납니다. 당시 토론 내용을 그대로 인용합니다.

박형준: 대통령의 연임제냐 아니냐, 이것만 답하게 돼 있지, 논술 문제를 OX로 풀라는 거예요?

이낙연: 논술 문제를 끝까지 논술로 가져가면 국민들이 어떻게 풉니까? 간추려서 OX로 문제를 제기하는 것, 이것이 정치의 역할 아닐까요?

설전 가운데 나온 비유의 표현이긴 하지만, 정치가 항상 국민의 입장에서 시작해야 한다는 생각이 잘 표현된 발언이라고 생각합니다.

또 하나의 사례는 다음과 같습니다.

2017년 9월부터 총리실에서 배포하는 보도자료가 예전과는 사뭇 달라졌다는 점입니다. 현재에도 국무총리실 홈페이지에 가면 역대 총리들이 재임하던 동안에 배포된 보도자료들이 모두 게재돼 있습니다. 그것들을 비교해보면, 말씀드린 것처럼 2017년 9월 20일 배포된 보도자료부터 변화가 나타납니다.

다름 아니라 존댓말로 바뀐 것입니다. 기존에는 음슴체나 반말의 형태로 작성·배포됐던 것을 NY의 지시에 따라 경어로 작성하게 됐습니다. 당시 공보실장(김성재 현 문화체육관광부 차관보)의 증언에 따르면, 계기는 다음과 같습니다.

> "2017년 9월 22일 있었던 고 백남기 농민 유족과의 차담 관련 보도자료를 준비할 때였습니다. 처음에 저희는 기존 관행대로 '~했다'는 표현을 썼습니다. 그랬더니 총리가 유족에게 반말을 한 것처럼 표현이 됐습니다. 총리가 이 점을 지적하기에, 저희는 보도자료 관행을 설명했습니다. 그러자 총리가 앞으로는 보도자료의 표현을 경어로 바꾸라고 지시했습니다."

총리를 만난 사람들은 하나같이 그의 '낮은 자세'를 얘기합니다. 총리는 최대한의 예를 갖춰 상대방을 대하는데, 그런 노력에도 불구하고 보도자료가 마치 상대에게 반말을 한 것처럼 전해진다면 사실을 왜곡하는 일일 것입니다. 그뿐 아니라 보도자료는 주로 기자들에게 배포되는 것이긴 하지만, 홈페이지에 공개가 되고 국민 누구나 열람할 수 있습니다 결국 국민에게 배포되는 것이라고 봤을 때, 국민을 섬기는 공직자가 주인인 국민에게 반말을 한다는 것이 납득할 수 없는 일일 것입니다. 타당한 지적입니다.

물론 그동안에는 관료의 권위주의가 배어 있어 일부러 국민을 하찮게 보고 그랬을 리는 없습니다. 그냥 주의 깊게 생각하지 못했던 탓일 것입니다. 어쩌면 작성자 중심의 업무적 편의에서 비롯된 일일 수도 있습니다. 어쨌든 받아 보는 입장에서 생각해보면 이처럼 전혀 다른 일이 될 수도 있다는 것이 중요한 포인트입니다.

찾아보면 이처럼 놓치기 쉬운 문제점들이 우리 주변에 흩어져 있을 것입니다. NY는 그래서 수요자 입장과 관점에서 보는 습관을 들이라고 직원들에게 늘 강조합니다.

제가 쓴 보고서가 칭찬을 받은 일도 있습니다. 정부의 청년 일자리 정책의 문제점을 담은 것입니다. 2019년 1월 고용노동부 담당자와 함께 청년 당사자들이 모여 간담회를 가졌는데, 이날 고용노동부 담당자는 당시의 성과에 매우 고무돼 있었습니다. 수치상 일자리가 늘었다는 통계가 있었기 때문입니다. 하지만 정작 청년들은 늘어난 일자리에 기뻐하지 않는 표정이었습니다. 일자리의 내용에 문제가 있다는 지적을 했습니다. 가령 일자리를 찾아 몇 시간 걸려 지방까지 갔더니 단시간의 저임금 알바에 불과한 것이라 차비도 나오지 않았다고 합니다. 이런 일자리라면 청년들이 좋아할 리가 없습니다.

고개가 끄덕여지는 청년들의 얘기는 그뿐만이 아니었습니다. 그들은 일자리를 늘린다는 것이 쉬운 일이 아니라는 것을 이미 잘 알고 있으니, 정부가 이를 인정하고 설명해가며 함께 고민해가는 노력이 필요하다는 지적을 했습니다. 생계에 실질적 도움이 되지 않는 형식적인 일자리 늘리기에 급급해서는 결코 수요자인 청년들을 만족시키지 못하고 입안자만 만족하는 정책에 그치고 만다는 것입니다.

이러한 내용을 담은 보고서이니 NY의 생각과도 부합했을 것이고 칭찬은 어찌 보면 당연한 것이었습니다.

위정자들은 '국민이 우선'이라는 얘기를 입버릇처럼 합니다. 물론 그런 마음이 진심이라는 것을 의심하지는 않습니다. 가까이에서 본 정치인들은 영화나 드라마에 등장하는 것처럼 거짓으로 점철돼 국민은 안중에 없는 사람들은 아닙니다. 하지만 그 방법은 잘 모르는 것 같다는 생각은 합니다. 그 차이를 저는 NY에게서 발견하곤 합니다.

NY의 가르침 때문이었을까요. 법안을 준비하거나 정책의 쟁점에 부딪혀 고민이 될 땐, 늘 수요자인 국민의 입장에서 어떤 게 옳을지를 생각하면 바로 답이 나오곤 합니다. 그것이 NY에게서 배운 가장 큰 교훈입니다.

국회의원 시절 NY를 보좌했던 C씨는 이러한 교훈이 아직 몸에 배어 있다고 말합니다.

"도로에서 차량 안내판은 눈에 잘 들어오지 않고 갑자기 차선을 옮겨야 해서 방향을 놓치기도 합니다. 설치자 중심으로 만들기 때문입니다. 반면 도로 바닥에 화살표를 따라 선을 이어놓으면 알아보기가 쉽고 따라가기도 쉽습니다. 이런 것이 수요자 중심의 정책입니다. 저도 업무를 할 때 직원들에게 이런 걸 강조하게 됩니다."

C씨는 기관의 관리자로서 소속 직원들에게 수요자 중심으로 생각하며 일할 것을 주문한다고 합니다. NY의 수요자 중심 정책을 배운 이들의 방법이 곳곳에 전파되고 있는 것입니다.
　그뿐이 아닙니다. 20년 가까이 운전 수행을 하고 있는 김효섭 씨는 얘기합니다.

　"행사장에 가서 NY를 사람들이 많은 곳에 내려주면 안 돼요. 차가 행사장 중심에 서면 사람들이 집중을 하게 되고, 본인 때문에 행사의 분위기를 흐리는 것을 NY가 싫어해요."

사람들이 모인 곳보다는 조금 한적한 곳에 내려서 걸어가야 행사의 중심을 흐트러트리지 않는다는 것입니다. 본인이 관심의 집중을 받고 주인공이 되고자 하는 것은 비단 정치인이 아니더라도 누구나 갖는 욕망일 텐데, NY는 이것을 포기하고 행사의 분위기를 지켜내고자 한다는 것입니다.
　이야기는 계속 이어집니다.

　"그런데 그게 또 항상 정답은 아니에요. 가령 행사장에서 사람들이 나와서 NY가 도착하는 것을 일부러 기다리고 있는 경우가 있어요. 이럴 땐 그 앞에 가서 차를 세워야 합니다. 그러지 않고 다른 곳에 세우면 기다리던 사람들이 단체로 이동을 해 와야 하거든요."

결국 NY가 원하는 것은 행사와 이를 준비하는 관계자들에 대한 철저한 배려이고, 이 또한 수요자 중심의 사고에서 비롯된 것이라고 생각합니다.

NY가 전남지사 시절에 만든 공약과 관련해서도 말씀드릴 것이 있습니다. 2014년 6월 지방선거 당시 당초 캠프에서는 굵직한 공약이 있어야 한다고 했습니다. 가령 F1(포뮬러원) 국제자동차경주대회처럼 지역 발전을 위한 커다란 사업을 얘기하는 것입니다. 건물을 세우거나 다리를 놓거나 뭔가를 유치하겠다는 거창한 공약은 후보자라면 누구나 솔깃해하는 것입니다.

참모들을 달달 볶으면 그런 공약 만들기가 무리한 일은 아닙니다. 그러나 NY는 그렇게 하지 않았습니다. F1이 결국 지역 발전보다는 큰 부담을 주고 말았다는 선례도 있었지만, NY는 지역에 허황된 꿈보다는 실질적 도움이 되는 일을 하고 싶어 했습니다.

그래서 오지 마을의 교통을 위한 '100원 택시'(오지 주민들이 택시를 부를 때 100원만 내고 이용하도록 한 정책)나 마을 공동급식 같은 작지만 피부에 와 닿는 공약들을 마련했습니다.

주민들의 삶에 가까이 다가가는 공약은 더 있습니다. 극장이 없는 마을에 작은 영화관을 짓거나, 공공 산후조리원을 만드는 것 같은 일입니다. 그뿐 아니라 인위적인 건설보다도 천혜의 환경에서 답을 찾기 위한 노력이 더 큰 의미가 있다고 생각하는데, '숲 가꾸기' '섬 가꾸기' 같은 사업이 그렇습니다. 다른 지방자치단체의 공약이나 사업과 비교해보신다면 NY표 정책이 어떻게 다른지 아실 수 있을 거라 생각합니다.

저는 이러한 NY의 사소한 방식 하나가 정치의 큰 변화를 가져올 수 있다고 생각합니다. 그리고 그 사소한 차이가 쌓여 드디어 국민들 눈에 NY가 들어온 것이지 NY의 인기는 혜성처럼 획기적인 등장이 아닙니다. 혹자는 이를 두고 '차트 역주행'이라고 표현하기도 합니다(〈총리의 언어〉 유종민 지음, 23쪽).

하지만 이것이 NY만의 독특한 비법은 아닙니다. 물론 NY가 유독 국민(수요자) 중심의 사고에 몸을 맞춘 특출한 부분이 있는 것은 맞습니다. 사실은 이미 수많은 정치인들이—국회에서 늘상 싸움만 일삼는 것 같아도—이처럼 국민 중심의 사고 위에서 일하고 있습니다. 다만 소수 정치인의 혐오스럽고 실망스러운 모습이 언론에 노출되면서 이를 언짢아하시는 국민들께서 정치인들을 싸잡아 매도하고 거리를 두는 일이 생겼습니다. 그러다 보니 선량한 마음으로 열심히 일하는 정치인들의 장점을 끌어내 칭찬하는 데 인색해진 것이 아닐까 생각합니다.

NY처럼 대중적 인기와 관심을 쏟아준다면, 충분히 우리 정치가 달라질 수 있을 것이고, 그것은 결국 우리 국민들의 몫인 것 같습니다. 거듭 말씀드리지만, 정치의 혁신은 지구상에 존재하지 않아 은하계 건너에서 수입해 와야만 하는 것이 아니라, NY처럼 우리 곁에 놓인 익숙함 속에서도 발견할 수 있습니다.

그리고 그 발견은 정치에 대한 관심에서 비롯됩니다. 그 관심이란 자극적인 소재를 극대화한 시사 채널의 정치평론을 보는 것에 그치는 것이 아니라 국회 홈페이지에 한번 들어가보고 회의록이라도 뒤져보는 번거로움이 필요한 일입니다.

따뜻한 아버지의 마음

:: 혹자는 NY를 딱딱하고 차갑다고도 얘기합니다. 그들의 공통점은 '업무 관계'로 만났으며 짧게 스쳐갔거나 피상적인 접촉만 있었던 경우일 것입니다.

대중과의 만남이거나 직원이라도 업무 외의 관계로 만나게 되면, 재밌고 따뜻한 사람이라는 인상을 받습니다. 특히 막걸리라도 같이 마셔본 사람이라면 단번에 그의 팬이 돼버립니다. 분위기를 끌어가는 재치와 입담, 해박한 지식으로 끊이지 않는 대화를 그 원인으로 꼽습니다. 가령 밥을 먹다가도 식탁에 올라온 재료 한 가지를 갖고 그 역사와 종류, 얽힌 일화 등등을 풀어가는 입담이 그렇습니다.

지역에 다닐 경우엔, 마을을 걷다 아주머니들이 삼삼오오 모인 곳이면 다가가 불쑥 자신의 어릴 적 별명인 '메주'—못생겨서 붙었다고—이야기부터 가족 얘기 등 묻지도 않은 얘기를 레퍼토

리처럼 쏟아내는데, 사람들은 순식간에 그의 얘기에 집중하며 깔깔거립니다.

이제 저의 경험 속에 놓인 따뜻했던 NY의 기억을 떠올려보고자 합니다.

하루는 노크를 하고 방에 들어갔습니다.

"무슨 일인가?"

쭈뼛거리며 말을 꺼냈습니다.

"제가 결혼을 합니다."

NY는 말이 끝나기가 무섭게 쥐고 있던 신문을 놓고 한참을 크게 웃었습니다.

놀랐습니다. '내 얘기의 어느 포인트에 유머 코드가 있었지?' 나중에 생각하니, 자신의 직원이 결혼한다는 소식이 그렇게 기분 좋았던가 봅니다. 아버지의 마음 같은 게 아니었을까 처음으로 생각해본 순간이었습니다. 그렇게 주례 부탁을 했고, 한참을 웃고 나서야 NY는 흔쾌히 수락했습니다.

저는 야외에서 결혼식을 올렸습니다. 그런데 전날부터 비가 오기 시작했습니다. 일기예보는 다행히 당일에는 비가 그친다고 했지만, 전날부터 내리기 시작한 비는 좀체 그칠 기미가 보이지 않았습니다. 당일 아침까지 내린 비는 서서히 멈추더니 예식 시간이 다가오자 언제 그랬냐는 듯 말끔히 멈췄습니다. 그리고 주례를 마친 NY는 예식장 곳곳을 돌며 모든 하객에게 악수를 나누고 인사를 했습니다.

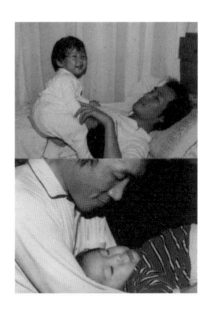

돌이 안 된 당시(위)와 돌 갓
지난 무렵의 외아들을 품에 안고
들여다보는 젊은 아빠의 모습

아버지가 병상에 있던 터라, 식장에 아버지의 자리가 비어 있었습니다. 멀리 지방에서 올라오신 어른들에게 다가가 일일이 인사를 나누는 NY가 그렇게 고마울 수 없었습니다. 그리고 함께 참석한 NY의 부인 김숙희 여사께 건넨 한마디에 저는 코끝이 찡해졌습니다.

"저 양반이 밤새 창밖을 보며 들락거리더라고. 비가 오면 안 되는데 하면서…."

축하한다는 한마디 인사보다 더 뜨거운 축하를 행동으로 직접 전해준 그의 따뜻한 마음을 저는 평생 잊을 수가 없습니다.

그뿐이 아닙니다. 저의 아버지가 돌아가셨을 때는 한참 지방

선거 준비로 정신이 없던 시기였습니다. 가뜩이나 넓은 전남 곳곳을 돌며 사람들을 만나느라 여의도에도 잘 올라오지 못하던 NY에게, 아버지의 부고 소식은 알리지 말길 원했습니다. 어차피 오지 못할 텐데 혹시라도 신경을 쓰이게 할까 죄송스러웠습니다.

단단히 약속을 받고 내려간 빈소에서 저는 그날 밤 불쑥 찾아온 NY를 만났습니다. 나중에 들으니 일정을 하다 멈추고 왕복 4시간 거리를 찾아온 것이었습니다. 식구가 없어 썰렁하던 빈소에서도 한참이나 앉아 얘기를 나누다 일어서며, 만류에도 따라나가 마중하려는 저를 단호히 물렸습니다.

그래서일까요. 2018년 3월에 NY의 어머니께서 돌아가셨을 때입니다.

저는 사흘 동안 빈소의 안내 데스크에 서 있었습니다. 물론 저 혼자만 서 있었던 것은 아닙니다. 하지만 화장실을 가는 것을 빼고는 단 한 번도 자리를 비우지 않고자 애썼습니다. 밥도 그 자리에 서서 먹었을 정도이니까요. 사람들은 왜 그렇게 열심히 하냐고 물었습니다. 저는 그냥 웃고 말았지만, 빚을 갚는 마음이었던 것 같습니다. 아무도 모르는 저만의 빚을 말입니다.

이런 일도 있었습니다. 2017년 5월 13일, 목포신항에 올라온 세월호에서 미수습자 조은화 양으로 추정되는 유골이 발견됩니다. 그날 NY는 은화 어머니께 문자메시지를 보냅니다. "무어라 말씀드려야 할지 모르겠다. 은화가 별이 되어 엄마 아빠는 물론,

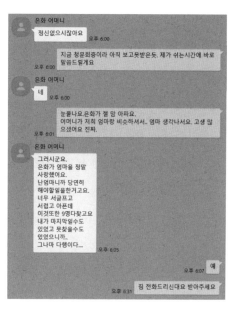

> 은화 어머니
> 정신없으시잖아요
> 오후 6:00

> 지금 청문회중이라 아직 보고못받은듯. 제가 쉬는시간에 바로 말씀드릴게요
> 오후 6:00

> 은화 어머니
> 네
> 오후 6:00

> 눈물나요은화가 젤 맘 아파요.
> 어머니가 저희 엄마랑 비슷하셔서.. 엄마 생각나서요. 고생 많으셨어요 진짜.
> 오후 6:01

> 은화 어머니
> 그러시군요.
> 은화가 엄마을 정말
> 사랑했어요.
> 난엄마니까 당연히
> 해야할일을한거고요.
> 너무 서글프고
> 서럽고 아픈데
> 이것또한 9명다찾고요
> 내가 마지막일수도
> 있었고 못찾을수도
> 있었으니까.
> 그나마 다행이다...
> 오후 6:05

> 예
> 오후 6:07

> 짐 전화드리신대요 받아주세요
> 오후 6:31

은화를 사랑하는 모든 사람의 가슴 속에서 영원히 빛날 것이다"
라고 말입니다. 그리고 그 내용을 NY의 페이스북에 올렸습니다.

저는 페이스북을 보고 NY에게 건의했습니다. 추정만 되는 상황이지 아직 확실한 것은 아닌데, 아직 유해를 찾지 못한 당시 8명의 유가족 마음을 생각해서 페이스북을 내리는 것이 어떻겠느냐고 말입니다.

그러나 NY의 말이 이랬습니다.

"자식의 유골을 그 어머니가 어찌 몰라보겠나. 나는 은화 어머니 말씀을 믿네."

어머니의 마음을 얘기하는 NY 앞에 정무적 판단이랍시고 얘기했던 제가 또 한없이 작아짐을 느꼈습니다. 하지만 NY는 제 얘기가 틀리지는 않았는지 해당 글을 내렸습니다.

그리고 며칠 후인 열흘이 조금 더 지난 5월 25일, 마침내 은화의 유골로 확인됩니다. 속보가 뜬 것은 한창 국무총리 인사 청문회가 진행 중인 상황이었습니다. 저는 먼저 은화 어머니께 상황을 확인해봤습니다.

그리고 청문회가 저녁식사를 위해 정회하자마자 저는 NY에게 달려가 은화 소식을 얘기했습니다. NY는 듣자마자 함박 웃으며 핸드폰을 꺼내들었습니다. 잠시 둘의 대화를 들어보겠습니다.

> **NY**: "뭐라고 말씀드려야 하지요?"
> **은화 어머니**: "다행이다⋯."
> **NY**: "다행입니다."

기쁜 소식일 텐데, 혹시나 하는 마음에 그 순간에도 상대방의 마음을 먼저 배려하는 내용의 통화였습니다.

그런가 하면 이런 일도 있었습니다. 2016년 11월의 일입니다. 당시 전남도지사였던 NY는 투자 유치와 우호 협력 강화를 위해 6일부터 9일까지 일본 오사카부, 사가현, 후쿠오카현으로 출장을 갈 예정이었다고 합니다.

이를 앞두고 고 백남기 농민의 영결식이 열리게 됩니다. 일본 출장을 앞둔 NY는 서울로 올라와 영결식에 참석합니다. 그리고 다음날 있을 전남 보성과 광주의 노제에는 일본 출장으로 참석하지 못하게 됩니다. 그러나 끝내 마음에 걸렸던지 NY는 결국 일본 출장을 늦추고 노제에 참석합니다. 실무진은 일본 일정을 그대로 진행하도록 지시했습니다.

NY는 이동하는 기차 안에서 추모사를 작성했다고 합니다. 그 모습을 지켜보던 당시 수행 비서 S씨는 NY의 마음이 느껴져 매우 인상적이었다고 전합니다.

한편 따뜻한 아버지의 마음은 자신의 식솔들에 대한 무거운 책임감이기도 합니다. NY는 명문 법대를 졸업하고도 사법시험을 통해 법조인의 길을 걷지 않았습니다. 그리고 그 이유로 가난했던 집안 환경을 얘기합니다. 그런데 그 환경은 단지 공부할 여유가 없었다는 것을 의미하지는 않습니다.

NY의 셋째 동생 이계연 씨는 이렇게 얘기합니다.

"어느 날 형이 고향에서 상고를 다니던 저를 찾아왔습니다. 학교 뒤 빵집으로 불러내더니, 빵을 먹으면서 이런 제안을 하더군요. 학비는 대주겠다. 대학에 가라. 대신 사립대 말고 국립대여야 한다. 그리고 생활비는 알아서 해라."

NY는 동생의 대학 진학을 위해 고시의 길을 포기한 것입니다. 집안의 장남인 NY의 서울 유학을 위해 모든 가족이 희생을 했던 것이 늘 마음에 걸렸을 것이고, 적어도 자신의 희생을 통해 형제 가운데 한 사람은 더 대학에 진학할 수 있게 된 것입니다.

NY는 인터뷰에서 고시 공부를 더 하지 않았던 것을 '염치가 없어서'라고 에둘러서 표현했지만 사실은 동생에 대한 희생이자 장남으로서의 책임감이었으며, 단 한 번도 대외적으로 이를 밝히지 않은 것 또한 자신의 희생이 동생에게 미안함으로 남지 않기를 바라는 배려였던 것 같습니다.

"나는 그런 식으로 정치하지 않네"

:: NY가 아파서 군 면제를 받은 아들을 군대에 보내려고 병무청에 편지를 썼던 일화가 국무총리 인사 청문회를 앞두고 세간에 알려지면서, 전 국민을 충격(?)과 감동에 빠트렸던 일이 있습니다.

혹자는 그마저도 큰 그림을 그리며 자신을 관리해왔던 일이라고 하더군요. 그 얘기를 듣자 너무 속이 상했습니다. 마치 NY 본인의 성공을 위해 아들을 희생하는 전략적 인생인 양 폄훼하는 것을 보며, 우리 정치가 그만한 신뢰도 갖고 있지 못하다는 것을 방증하는 일이라는 생각이 들었습니다.

그리고 NY를 잘 모르니까 하는 억측이라는 생각이 들었습니다. 그래서 제가 겪은 일을 소개하려고 합니다. 이 얘기를 듣고 그 진정성에 대한 오해를 풀었으면 합니다.

2017년 국무총리 인사 청문회를 앞둔 상황이었습니다. 저는 당시 청문회 준비단에서 국회 상황을 예의주시하며 대응하고 있었습니다.

그런데 어느 날, 적절하지 않은 증언을 할 것으로 예측되는 사람이 증인으로 나올 것으로 예상되는 상황이었습니다. 여당의 청문위원은 그걸 막아보고자 했습니다. 당시에는 3당 체제였고, 제3당에서 키를 쥔 청문위원은 NY와 고교 동문이자 개인적으로 매우 가까운 사이였습니다. 여당 청문위원은, 제게 NY에게 요청해서 제3당의 위원에게 증인을 빼줄 것을 부탁해달라고 제안했습니다. 저는 NY가 그런 부탁을 하지 않을 것을 잘 알고 있었기에, 거절했습니다. 그러나 위중한 상황인 만큼 뭐든 해봐야 한다는 설득이 이어졌고, 결국 마지못해 전화기를 들었습니다.

"후보자님, 제3당의 위원님이 친한 분이시니 부탁을 해보시면 어떨까요?"

예상했던 것처럼 불호령이 떨어졌습니다.

"나는 친분 관계로 일하는 그런 식의 정치는 하지 않네."

공사 구분을 하지 못하고, 이런 일을 부탁하라고 요청하는 것이 적절한 일이냐고 그 자리에서 호되게 혼났습니다.

이런 일은 비일비재합니다. 아무리 친한 사이여도 부당한 부탁을 해오면 냉정하리만치 거절합니다. 특히 국회의원 시절에는 정치인이다 보니 민원의 형태로 다양한 부탁이 들어옵니다. 검토 결과 합법적인 테두리 안에서 타당한 일이라면 최선을 다해 도와드리려고 하지만, 조금이라도 그릇된 부탁이라면 그 안 되는 사유만 설명하면 충분했습니다.

반대의 경우도 마찬가지인데, 가령 국회 상임위원회를 하다 보면 특정 기업의 부조리한 사실에 대해 제보를 받고 이 문제를 지적하게 됩니다. 2011년에 제품에서 아질산염이 검출된 사실을 밝혀내고 전량 폐기 시킨 모 분유사의 문제나 인기리에 판매되던 껌의 효능이 과장 광고라는 사실을 지적해 식품의약품안전처의 대대적인 적발을 이끌어냈던 문제가 그런 것입니다.

이러한 문제들을 지적하는 과정에서 당시에 여러 경로로 외압과 부탁들이 들어옵니다. NY에게도 직접 그런 요청들이 들어왔던 것으로 압니다. 하지만 단 한 번도 NY는 저희 보좌진들에게 그런 내색을 하지 않고 문제가 있다면 마음껏 조사해보도록 했습니다. 아무런 눈치도 보지 않고 문제를 파헤치고 개선을 이끌어 낼 수 있었던 것은 일을 하는 보좌진으로서 행복한 경험입니다.

국무총리가 되고 나니 전국에서 '총리와 친하다'며 이런저런 부탁을 해오는 경우들이 종종 있습니다. 민원과에서는 제게 정말로 NY와 친한 사람이 맞는지 묻습니다. 저는 그 이름을 확인해보지도 않고 답합니다.

"정말로 친한 사람은 NY의 엄격한 공사 구분을 잘 알기에 친하다고 하지 않습니다."

그런가 하면, NY의 인사 스타일에도 명확한 특징이 있습니다. 도지사 시절 우기종 정무부지사나 총리 시절 정운현 비서실장은,

NY와 친분이나 인연이 깊은 인사가 아니었습니다. 능력과 자리에 적합한 인사를 찾아 초빙한 것입니다. 자신과 가깝다거나 어떠한 일에 대한 대가로 그만한 자격이 없는데도 사람을 쓰는 일은 NY에게선 찾기 어렵습니다.

저의 경우 국회에서 보좌관(4급 별정직 공무원)으로 일을 했습니다. 그러다 NY의 인사 청문회를 돕게 됐습니다. 그리고 총리 취임 이후 총리실에 들어오게 됐습니다. 티오(정원)가 없다며 총리실은 6급 별정직 자리를 제안했습니다. 전에 비해 무려 2급이나 낮아진 것입니다. 저는 자리를 탓하지 않았습니다. NY를 도와 국민을 위해 일하는 것이 전부터 해오던 일이었고, 그를 위해서라면 직급이나 그에 따른 처우는 둘째 문제라고 생각했습니다.

그런데 공무원 사회는 직급이 매우 중요했습니다. 직급에 맞는 업무가 정해져 있기 때문입니다. 그 칸막이를 넘어 의욕이 넘치면 도움보다는 해가 되는 일이 더 많은 것 같습니다. 그래서 적합한 일을 할 수 있기를 원했고, 1년이 지나서야 티오가 생겨 원래 자리였던 4급으로 되돌아가게 됐습니다.

그러나 NY는 반대하고 나섰습니다. 이유인즉, 6급에서 4급으로 두 직급을 건너뛰는 것은 '공정하지 않다'는 것이었습니다. 공무원들은 한 직급의 승진을 위해 승진 시험을 보는 등 애를 쓰는데, 두 직급을 승진하는 것은 NY의 상식에서 벗어난 일이었습니다. 그렇게 하려고 했던 스스로의 모습이 조금 부끄러웠습니다. 요즘 밀레니얼 세대가 예민해하는 '공정'의 모습에서 거리가 먼

일을 제가 하려고 했나 싶었습니다.

그래서 저는 한 직급 승진하는 데 그쳤습니다. 주변에서는 서운해할까 봐 염려했습니다. 그렇지만 저는 조금도 서운하지 않았습니다. 자신과 가까운 사람일수록 더욱 엄격하고 공정한 잣대를 들이대는 NY의 성품을 자랑 삼아 남들에게 얘기하던 제 모습이 떠올랐기 때문입니다. 그것이 제 상황이라고 해서 바뀌어서는 안 될 일이라고 생각했습니다.

NY에게는 이런 면도 있습니다. NY가 국무총리 후보자 시절부터 1년 반 동안 의전비서관을 했던 정영주(현 IBK캐피탈 부사장) 씨의 말입니다.

"여기저기서 총리의 화환을 요청해오는 일이 잦았습니다. 그런데 총리는 개인적인 친분으로 요청해오는 경우에는 항상 본인의 돈으로 지출했습니다. 이발비나 책값, 약값 등의 비용도 단 한 번도 공금을 쓰는 일이 없었습니다. 어찌 보면 당연한 일이지만, 공사 구분을 굉장히 철저히 하는 모습이 인상적이었습니다."

NY는 교통법규 또한 철저히 준수합니다. 운전 수행을 담당한 김효섭 씨는 이렇게 덧붙입니다.

"아무리 바빠도, NY는 교통법규를 철저히 지켜 운전하라고 지시합니다. 타고 내릴 때 횡단보도에 차를 정차하지 못하게 하고, 터널 안에서 차선 변경 금지, 나들목에 들어갈 때나 나올 때 새치기를 하지 못하게 했습니다."

이처럼 주변 사람들의 눈에 비친 NY의 모습이 인상적이라고 얘기하는 일들은, 사실 어느 것 하나 새로운 것은 없습니다. 우리가 이미 다 알고 있고 당연히 그렇게 해야 할 일들입니다. 그런데도 NY의 그런 모습들이 새롭게 느껴진다면, 그만큼 우리가 주변의 부조리에 익숙해진 탓이 아닐까 싶습니다. 너도 하고 나도 하니 관행으로 여겨지고 그것을 어겼을 때 별다른 죄책감이 들지 않는다고 해서, 그 일이 잘한 일은 아니라는 것을 우리는 익히 알고 있습니다.

잠시 잊고 있던 사실들을, 어쩌면 NY를 통해 하나둘 깨우쳐가는 것은 아닐까 합니다.

감동은 사소한 데서 온다

:: NY에게서 감동을 느꼈다는 사람들을 곧잘 만납니다. 어디서 감동을 느꼈는지가 궁금해서 물으면, 자주 듣는 얘기가 이것입니다.

국회의원 시절 NY가 주최한 행사장에 참석을 했는데, 행사가 끝날 때까지 NY가 자리를 한 번도 뜨지 않고, 심지어 행사가 끝나고 난 뒤 객석의 질문에 대해 일일이 답변을 하고 손님들을 마중까지 하더라는 것입니다.

무슨 얘기냐 하면, 국회의원 주최로 다양한 토론회와 세미나가 열립니다. 거의 매일 국회에선 이러한 행사들이 열립니다. 보통 2시간에서 3시간가량 행사를 하는데, 주최한 의원은 개회사를 하고 자리를 떠나는 경우가 많습니다. 일정이 매우 빠듯하기 때문입니다.

그러나 NY는 자신이 주최한 행사라면 끝까지 자리를 지킵니다. 이것이 다른 의원들과 다른 점이다 보니, 특히 행사에 많이 참석해본 사람일수록 그 차이를 발견하고 대단하다고 하는 것입니다. 어찌 보면 매우 당연한 일이지만, 어쨌든 사람들은 감동을 받는다고 얘기합니다.

이런 일도 있습니다.

국무총리 시절인 2019년 1월 30일, 장애인정책조정위원회가 열렸습니다. 오랜만에 열린 회의에 참석자들이 할 얘기가 많았다고 합니다. 오전 10시에 열린 회의가 점심시간을 넘기자, NY는 점심을 포기하겠으니 하실 말씀을 다 하시라고 했습니다. 회의는 3시간 반 동안 이어져 오후 1시 30분에야 끝이 났습니다.

회의 참석자들은 식당으로 이동했지만, 다른 일정에 가야 하는 NY는 진짜로 점심을 건너뛰어야 했습니다. 그래서 의전실 직원은 샌드위치라도 먹게 하려고 준비를 했는데, NY는 샌드위치를 물리더니 식당으로 향했다고 합니다. 그제야 그 직원은 NY가 식사를 하고 가려나 보다 생각했는데, NY가 식당으로 간 것은 식사를 하고 있는 참석자들에게 함께 식사를 하지 못해 죄송하다는 인사를 하고 떠나려고 했던 것입니다.

결국 NY는 약속대로 점심을 굶었습니다. 아예 굶은 것은 아니고 나중에 차 안에서 간단하게 때웠다고 합니다. 어쨌든 의전실 직원은 NY가 정말 다르게 보였다고 합니다. 식사를 까다롭게 챙기지 않고 그때그때 편하게 먹거나 바쁠 때는 거르기도 하는 등 식사보다 일을 우선하는 NY의 모습에서 감동을 느꼈다는 것입

2017년 8월 31일 세종에서 서울로 올라오는 KTX 안에서 도시락을 먹는 모습

니다.

총리가 되고 나서도 개최된 회의에 참석한 참석자들의 얘기를 모두 경청하고, 추후 그것이 개선됐는지 확인까지 하는 모습에서 기존의 총리들과 다른 NY만의 인상적인 모습을 공무원들은 기억합니다.

NY의 국민 중심 행정이 성과로 이어진 사례도 있습니다. 3년 만에 다시 국내에 발생했던 '메르스'를 기억하실 겁니다. 2015년에 확진자 186명 가운데 사망자가 무려 38명이나 발생해 온 국민을 공포에 떨게 만들었던 메르스가 지난 2018년 다시 찾아온 것입니다.

발생 즉시 NY는 보건복지부장관에게, 관련 정보를 투명하고 신속하게 국민들께 공개하라고 지시했습니다. 그리고 다음날 아침 긴급관계장관회의를 열어 모든 상황을 국민들께 지나치다 싶을 정도로 설명할 것과 늑장 대응보다는 과잉 대응이 더 낫다며 선제적인 대응 조치를 하라고 강조했습니다.

당시 총리실 담당 국장이었던 J씨에 따르면, 회의 직후 총리실에 상황반이 가동돼 일일 대응 체계가 만들어지자, 거의 실시간으로 대응 상황 보고가 이뤄졌다고 합니다. 외교부와 경찰청이 접촉자 조사에 협력하면서 역학조사가 급진전된 것과 행정안전부를 통해 지방자치단체들이 적극 협조에 나선 것도 한몫했다고 합니다.

그 결과 모든 접촉자를 찾아내 조사한 끝에 단 한 명도 전염되지 않은 것을 확인하고 한 달 남짓 만에 상황을 종료하게 된 것입니다. 국민들뿐 아니라 당시 함께 고생했던 공무원들 역시 보람을 넘어 감동을 느꼈던 순간으로 기억합니다.

그뿐만이 아닙니다. 행사장을 방문한 NY는 행사를 준비했던 실무자들 또는 자원 봉사자들이 있는 공간을 찾아 일일이 악수하며 격려하는 것을 잊지 않습니다. 하려한 무대에 기려져 보이지 않는 곳에서 수고하는 이들의 존재를 늘 염두에 두는 것 같습니다. 자신들을 직접 찾아와 인사하는 NY의 모습에 어찌 감동하지 않을 수 있을까 싶습니다.

NY를 만나러 온 방문자들과 사진을 찍는 일도 빠트릴 수 없

행사장을 방문하면 보이지 않는 곳에서 행사를 준비하는 분들을 직접 찾아가 인사한다.

습니다. 귀찮아하는 내색 없이 오히려 NY가 먼저 사진을 찍자고
나서서 일일이 사진을 찍어주는 일이나 방문자의 요구 사항을 먼
저 파악하도록 해서 사소한 것이라도 상대에게 맞추는 일, 특히
예산철에 지방자치단체장들이 방문하는 경우 딱딱한 접견실이
아닌 집무실에서 둘러앉아 자료를 살펴보는 모습을 찍을 수 있도
록 배려하는 것에서도 감동을 느낀다고 합니다. NY 본인이 국회
의원과 지방자치단체장을 직접 해본 까닭에 상대의 입장에서 원
하는 바를 이미 체득하고 있기에 가능한 일이라고 생각합니다.

총리실 직원들과 기념사진을 찍을 때에도 상대방의 포즈를 일
일이 지적하며 상대방 기준에서 좋은 사진이 나올 수 있도록 배
려하는 것도 공무원들은 인상적인 일로 꼽습니다. 여러 사람이
번갈아 총리와 사진을 찍다 보니 과거에는 총리만 잘 나오고 정

작 당사자는 어정쩡한 모습이 찍혀 사진을 어딘가 자랑하기도 어색한 상황이 있었던 것과 비교된다고도 합니다.

그런가 하면 잘 알려진 대로 NY는 막걸리를 즐겨 마십니다. 총리 공관에 손님들을 초대해 막걸리를 마실 때 상대방의 출신지 등을 살펴 그 지역에서 나는 막걸리를 미리 준비하기도 합니다. 세심한 배려가 빛나는 순간입니다.

NY는 이러한 작은 배려로도 상대에게 큰 감동을 줄 줄 아는 정치인입니다.

문재인 대통령의 눈빛

:: 2017년 5월 문재인 정부 출범 얼마 후, 초대 국무총리로 NY가 지명되자 많은 사람들이 의문을 가졌습니다. 문재인 대통령과 아무런 인연도 없는 NY가 초대 총리라니 믿기지 않는다는 것이었습니다. 총리 지명을 앞두고 예상되는 후보자 명단 어디에도 NY가 거론된 적 없었으니 어찌 보면 당연한 반응일 것입니다.

그래서 호남을 배려한 것이라는 등의 해석이 쏟아져 나왔습니다. 꼭 틀린 분석은 아니겠으나, 분석들 대부분은 NY의 출신이나 당파색이 옅어 협치에 능할 것이라는 식의 소극적인 것이었습니다. 물론 둘의 인연을 다룬 기사도 있습니다. 2017년 5월 10일자 경향신문('이낙연, 노무현 대변인 당시 문과 인연… "서로 상당히 신뢰"')은 이렇게 적고 있습니다.

(NY와) 문대통령과의 인연은 2002년 노대통령 당선인 대변

인을 맡으면서 시작됐다. 2003년 청와대 민정수석이었던 문대
통령과 이지명자는 당·청 교류 파트너였다. (…) 이후 2012년
대선 때 이지명자가 문재인 대선 캠프 공동선대위원장을 맡으
면서 본격적으로 정치적 공감대를 형성하기 시작했다.

NY는 지명을 받은 날 기자회견에서 "대통령과 저는 자주 만
나고 교감하는 관계는 아니었지만 상당한 신뢰를 갖고 서로를 봐
왔습니다. 노 전 대통령을 같이 모셨던 처지이기 때문에 철학의
차이가 그렇게 없을 것입니다"라고 얘기하기도 했습니다.
  어쨌든 당시에 저는 대통령의 지명이 매우 당연해 보였습니
다. 대통령께서 NY를 눈여겨보고 있던 것을 매우 가까이서 봐왔
기 때문입니다.
  대통령께선 2013년도 국회 기획재정위원회 위원 시절 NY의
옆 옆자리셨습니다. 가나다순의 이름 순서 때문이었습니다. 그런
데 NY가 질의를 할 차례가 되면, 대통령께서는 유독 눈빛을 반짝
거리며 경청하셨습니다. 저는 그 뒷자리에서 매번 그 모습을 지
켜보며 특별하다는 인상을 받았습니다
  대통령께서는 물론 다른 의원들의 질의도 경청할 만큼 넉넉한
인품을 지니신 분으로 알고 있지만, NY의 질의나 준비 자료를
바라보는 눈빛이 심상치 않아 보였습니다. 게다가 의원들은 보통
다른 의원의 질의 때 자신의 질의를 준비하는 등 분주합니다.

【서울=뉴시스】 박동욱 기자 = 문재인 민주당 의원이 30일 오전 서울 여의도 국회에서 열린 기획재정위원회 2013 국정감사에서 이낙연 의원이 준비한 자료를 살펴보고 있다.

2013년 국회 기획재정위원회 국정감사에서 NY의 자료 화면을 바라보는 의원 시절의 문재인 대통령.
사진 2013년 10월 30일 뉴시스 기사 캡처

증거는 또 있습니다.

2012년 대선이 끝난 2012년 12월 31일, NY는 자신의 홈페이지 '이낙연 생각' 게시판에 올린 '제3세대 민주당을 준비해야 합니다'라는 글에서 '태도 보수'라는 말을 씁니다. 가치는 진보적으로 하더라도 태도는 신중히 하자는 뜻입니다. 강준만 교수가 얘기하는 '싸가지 없는 진보'와도 비슷한 것 같습니다. 그대로 인용하자면 다음과 같습니다.

민주주의, 인권, 복지 같은 진보적 가치를 충분히 중시하지만, 막말이나 거친 태도, 과격하고 극단적인 접근을 싫어하는 성향을 '태도 보수'라고 말한다. 지난 대선에서도 민주당이 '태도 보수'의 유탄을 맞지는 않았을까.

그런데 그 후 대통령께서 〈1219 끝이 시작이다〉라는 대선 패인에 관한 책을 내시는데, 그 책에서 바로 NY가 얘기한 '태도 보수'와 관련한 부분을 인용합니다. 그러면서 대통령께서는 '핵심을 찌른 면이 있다'고 언급하셨습니다.

바로 이러한 일들이 있었기에, 문재인 정부의 초대 총리가 되는 것이 자연스러운 일이었다고 생각합니다. NY의 총리로서의 성공은, 사람의 자질과 가능성을 알아보고 눈여긴 대통령님으로부터 비롯된 것이라고 생각합니다.

NY가 2014년 6월 제37대 전라남도 도지사 선거에 출마했을 때 내건 공약인 '100원 택시'는 문재인 대통령의 대선 공약에도 전국적으로 확대하는 내용으로 포함되기도 했습니다.

그렇게 총리가 되고 나서도 NY는 문재인 대통령의 신뢰를 받았습니다. 2018년 1월 총리로서는 최초로 부처 업무보고를 받았습니다. 5월 추경예산과 관련해서는 국회에서 처음으로 총리가 시정연설을 하기도 했습니다. 7월에는 해외 순방에 처음으로 대통령 전용기를 지원받기도 했습니다.

2018년 6월 문재인 대통령은 NY에 대해 "국회에서 주장하는 총리 추천제를 하면 이낙연 같은 좋은 분을 모실 수 없을 것"이라고 말했습니다. 총리 추천제를 들어 우회적으로 NY에 대한 극찬을 하신 것이라고 생각합니다.

그런가 하면, 2017년 6월 12일 첫 회동을 시작으로 매주 월요일이면 NY와 주례 회동을 했습니다. 총리에게 힘을 실어주기 위한 대통령의 배려와 신뢰가 돋보이는 부분입니다. 퇴임을 앞둔 시기인 2019년 12월 세종에서 열린 기자간담회에서 NY는 문재인 대통령에 대해 이렇게 말했습니다.

"문재인 대통령이 저에게 한 번도 빼지 않고 '님' 자를 붙여 줬습니다. 문대통령은 그 연세의 한국 남자로서는 거의 유례를 찾기 힘들 정도로 진중하고 배려심이 많습니다. 저를 많이 신뢰해주셨는데 돌이켜 생각해보면 제 역량 때문이 아니라 문대통령의 배려였습니다. 문대통령은 자신의 비서실장 앞에서도 스스로를 '저는'이라고 부릅니다."

그렇게 '이니'와 '여니'로 파트너십을 맺은 두 사람은 2년 7개월을 함께 보내며 초대 총리가 역대 최장수 총리가 되도록 일했습니다.

"난 복지를 하러 왔네"

:: 2010년 국회 보건복지위원회로 오게 된 NY를 만나면서 저와의 인연이 시작됐습니다. 저는 2009년부터 다른 의원실에서 보건복지위원회 정책을 담당하고 있었습니다.

사실 저의 국회와의 인연도 보건복지위원회를 하면서 시작된 것입니다. 저는 대학에 다닐 때 학교 병원에서 장기간 입원해 학교에 가지 못하는 소아암 환아들과 공부하는 동아리 활동을 했습니다. 그것이 인연이 돼 '복지'와 '보건' 두 가지에 관심을 갖게 됐습니다.

국회에는 다양한 상임위원회가 있습니다. 사회 각 분야를 담당하는 정부 부처가 있고, 그 부처의 법안과 예산을 심의하는 국회의 역할에 맞게 국회 안에서도 각 분야로 쪼개어 전공 분야처럼 담당을 하게 했습니다.

국회의원은 저마다 자신의 전공과 관심, 또는 지역구의 관련 사항 등을 종합 검토해 자신이 활동할 상임위원회를 정합니다. 보통 상임위는 2년마다 한 번씩 바뀝니다. 국회의원 임기가 4년 이니 보통 2개의 상임위를 경험하고, 운영위, 정보위, 여성가족 위, 예산결산특별위 같은 특수한 상임위는 병행을 하기도 하니 임기 동안 최대 4개 상임위를 담당해볼 수 있습니다.

저는 단연 관심 분야인 '보건복지'에서 활동하는 의원을 찾아 의원실에 들어갔습니다. '보건복지'는 단어상으로는 두 가지가 평등하게 나란히 양립할 것 같지만, 사람들의 관심 분야는 '보건'에 많이 쏠려 있습니다. 복지 분야가 예산은 많지만 일방향성 지원 위주로 되어 있다면, 보건은 쌍방향의 산업형 구조를 갖고 있어 사람들의 관심이 더 클 수밖에 없습니다.

관심이 크다는 것은 언론을 통해 드러납니다. 가령 같은 보도 자료라도 보건 분야에 대해 문제점을 지적하면 관련 전문 언론사의 수도 월등히 많아서 여러 곳에서 보도가 됩니다. 그러나 복지 분야는 누군가 복지 예산을 착복했다는 비리 문제가 아니고는 언론의 관심을 끄는 보도자료가 나오기가 어렵습니다. 병원에 문제가 있다고 하면 그 병원을 이용하는 일반 대중이 다 관심을 갖지만, 복지관에 문제가 있다고 하면 그 복지관을 이용하는 특정 대상으로 범위가 한정되기 때문입니다.

그래서 보건복지위원회 소속 위원들은 주로 복지보다는 보건에 관심을 갖고 활동을 많이 합니다. 저 역시 국회에 들어가자마자 그런 기술적인 부분에 익숙해져서 보건 관련 정책들 중심으로 일을 했습니다. 대형 병원의 부당 청구와 블랙리스트 관리 문제, 식품의 이물질 문제, 의약품 부작용 문제 같은 것들이 그렇습니다. 그럴 때마다 언론은 이를 크게 다뤘습니다.

정치인들은 부고 기사가 아니라면 뭐라도 언론에 노출되고 싶어 한다는 얘기들을 흔히 합니다. 당연히 NY가 좋아할 거라 생각했습니다.

그러나 제 예상은 빗나갔습니다. NY는 또 호통을 쳤습니다.

"나는 복지를 하러 왔네."

실제로 상임위를 보건복지위원회로 옮긴 이유를 NY는 직접 이렇게 밝혔습니다.

"농업 문제도 지속적으로 관심을 갖지만 제가 노인과 빈곤 문제에 관심이 많습니다. 노인과 저소득층의 삶에 대한 문제는 농수산업하고도 밀접합니다. (⋯) 사회 전반적으로 저출산 문제에만 관심이 있고, 독거노인이나 고독사 등 노인 문제는 없는 게 문제입니다."(국회보 2010년 12월호)

두 가지를 반성했습니다. 첫째는 보좌하는 의원이 그 상임위에 왜 왔는지를 궁금해하지 않았다는 것입니다. 그래서 2012년에 NY가 기획재정위원회로 갈 때는 제일 먼저 그 이유를 물었습니다. NY는 '사회 사각지대 해소를 위해서는 국가 재정 운용과 예산 편성 단계에서부터 살펴야 한다'는 취지의 얘기를 했던 걸 기억합니다.

다음으로는 언론이 좋아할 만한 것들만 찾아서 자극적인 뉴스나 생산하고 있던 제가 매우 부끄러웠습니다. 사회 약자에게 도움 되는 정책을 하겠다며 국회에 발을 디딘 게 고작 2년도 안 됐는데, 기사 하나 더 내려고 혈안이 된 제 모습에 그 한마디가 큰 울림을 줬습니다.

그래서 기초생활수급자, 홈리스(노숙인을 비롯한), 장애인, 노인 복지 등에 대해 초점을 맞추고 일을 하게 됩니다. 그 성과로 기초생활수급자 부양의무자 기준 폐지 법안을 발의하기도 했고, 국내 최초로 홈리스복지법을 제정했는가 하면 장애인 연금의 만족도, 노인 무임승차 관련 문제 등을 이슈화하기도 했습니다.

다시 처음으로 돌아가, NY가 보건복지위원회에 온 이유 역시 평상시 그의 활동에서 찾을 수 있습니다. 지역구인 농촌 지역을 이곳저곳 다니다 보니 농촌에 유독 많은 노인들, 특히 독거노인의 문제 그리고 소득의 원천이 도시보다 상대적으로 적어 가난에 시달리는 지역민들이 눈에 들어왔을 것입니다. 그리고 이들을 위해 농업 정책으로만 도울 수 없다는 것을 알게 됐을 것이고, 그 답을 보건복지에서 찾고자 했던 것이라고 생각합니다.

묵직한, 때론 외롭고 고독한 길

:: 주변에서 NY에 대해 얘기하는 것을 종종 듣습니다. 아무래도 가까이에서 보좌했던 경험이 있으니 제가 꽤 가까운 줄 알고 하는 얘기들일 것입니다. 품격을 갖췄다, 신사답다는 얘기부터 최근엔 시원한 사이다 발언을 얘기하는 분까지 다양합니다. 제 앞이라 주로 좋은 얘기들을 많이 해주십니다. 그러나 NY의 정치 이력을 부정적으로 얘기하는 분도 간혹 계십니다. 평소 제가 생각했던 것과 그분들의 생각이 다른 점에 대해 말씀드리고자 합니다. 물론 관점과 생각은 다 달라서 정답이 따로 있는 것은 아니라고 생각합니다. 이것도 제 생각일 뿐이겠습니다. 따라서 또 하나의 의견이라고 여기서서 경청해주시길 당부드립니다. 아래에는 제가 평소 들었던 NY에 대한 다소 부정적인 얘기와 그에 대한 제 생각입니다.

> **NY는 4선 국회의원에 전남도지사를 했지만 모두 전남에서 한 것이다.**

'~지만'이라는 접속사는 역접의 부정적 의미를 갖습니다. 국회의원 4선과 전남지사의 경력에도 불구하고 그것이 소위 말하는 험지나 수도권이 아닌 '호남'에서 이뤄진 것이기 때문에 그 가치가 다르다는 의미로 저는 받아들였습니다. 소위 '깃발만 꽂으면 되는 호남' 텃밭에서의 선거는 쉽다고 생각하시는 것 같습니다.

텃밭의 선거는 전략 공천을 받아 무혈입성 했을 경우가 아니고는, 자당 안에서 치열한 경선을 치러야 합니다. NY의 경우 DJ의 눈에 들어 정치인의 길로 이끌렸던 2000년 16대 총선 정도를 제외하고는, 2004년 17대 총선에서는 분당에 반대하는 소신으로 열린우리당에 따라가지 않고 '꼬마 민주당'에 남았던 까닭에 매우 힘든 선거를 치러야 했습니다. 2008년 18대 총선 땐 장성이라는 지역구가, 2012년 19대 총선에선 담양이라는 지역구가 새로 늘어나 선거 때마다 새로 편입된 선거구에서 선거를 치러야 했습니다.

전남지사 선거 때는 인구 분포상 불리한 구도 아래, 상대 후보는 상대적으로 당내 입지나 막강한 조직력을 갖춰 여러모로 힘든 경선을 치러야 했습니다. 또 선거가 과열돼 선거를 하던 중에 캠프가 압수수색을 당하는 등 본선보다 더 치열한 선거를 치렀습니다.

따라서 민주당 간판으로 호남에서 4선 국회의원에 도지사를 한 것을 두고 고생 없이 얻은 결과라고 생각하신다면, 치열한 전장에서 살아남은 이들에겐 매우 섭섭한 일일 것 같다는 말씀을 드립니다.

> **2007년 대통합민주신당을 만들 때 본인이 먼저 탈당해 신당을 주도했다. 2014년 전남지사에 출마할 당시, 4선까지 하면서 지역에 '물갈이' 분위기가 형성돼 지역구에서 5선까지 할 수 있다는 보장이 없던 분위기에서 도지사에 도전하는 등 빠른 정치적 감각을 갖고 있다.**

NY의 정치적 감각을 뜻하는 좋은 의미라면 저는 그것에 동의합니다. 하지만 혹시라도 실리 추구를 위한 기회주의적 선택을 뜻하시는 것이라면 동의하기 어렵습니다. NY가 기회주의자였다면, 잘 알려진 바와 같이 1989년 국회의원 보궐선거 때 김대중 당시 평민당 총재가 호남 지역구에 공천해줄 테니 정계에 입문하라고 적극 권유했을 때 도쿄 특파원의 길이 아닌 출마를 선택했을 것 같습니다.

NY는 2002년 제16대 대통령 선거에서 노무현 후보가 대통령에 당선된 이후 대변인을 맡기도 했습니다. 그러한 인연과 기회가 있으니, 이를 통해 내각에 들어가고자 하는 욕망이 생겼을 법합니다. 그러나 NY는 그렇게 하지 않았습니다. 오히려 2003년 범친노계 정치인들이 열린우리당을 창당할 때 따라가지 않았습니다. 그리고 열린우리당에 참여하지 않은 이유에 대해 NY는 다음과 같이 이야기합니다.

"제가 대변인으로서 모셨던 노무현 대통령께서 민주당을 버리고 신당(열린우리당)에 동참하셨습니다. 그 무렵 노대통령께서는 두세 번쯤 사람을 보내 저의 신당 동참을 권유하셨습니다. 장관직 얘기도 있었습니다. 저는 분당이 옳지 않다고 생각했지만, 그래도 고민했습니다. 2003년 민주당 분당 직후의 어느 날 아침이었습니다. 어머니로부터 전화가 걸려왔습니다. '나다. 신당 가지 마라잉!' 어머니는 그 말씀만 하시고 전화를 끊으셨습니다."(《어머니의 추억》 아린미디어, 63쪽)

작고하신 NY의 어머니께서 "사람이 그러면 못쓴다"고 했다는 것입니다. NY의 선친 때도 비슷한 일이 있었는데, 선친께서 1980년대 초 5공화국 출범 당시 집권당이었던 민정당으로부터 합류를 권유받았지만 그때에도 어머니의 완강한 반대가 있었다고 합니다. 당시에도 어머니께서 "자식들을 지조 없는 사람의 자식으로 만드는 것은 참지 못하겠다"면서 선친의 여당행을 만류한 결과, 선친은 결국 평생 야당 외길만 걸으셨다고 합니다. 마찬가지로 자신도 여당에 갈 수 있는 기회에도 불구하고 야당으로 남게 됐습니다.

'어머니의 뜻'이라고 에둘러 표현했지만, '분당'이 옳지 않다는

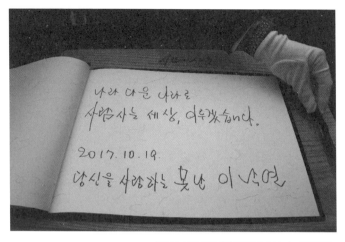

소신 때문이었을 것이라 생각합니다. 그리고 그것을 갖고 노무현 대통령과 가깝지 않다고 해서도 안 될 것이라 생각합니다. 가끔 노 전 대통령에 대한 NY의 생각을 엿들을 때마다 그 밑바탕에 노 전 대통령에 대한 존경과 그리움이 깔려 있다는 것을 느낄 수 있었습니다. 실제로 2010년에 노 전 대통령의 묘역이 훼손되는 일이 발생하자 NY는 보건복지부장관을 상대로 '국가보존묘지 1호'에 대한 적절한 관리가 없다고 질타하며 대책을 마련하라고 촉구한 적이 있습니다. 그 결과 의무경찰 2명이 24시간 경계를 서게 됐습니다.

어쩌면 NY는 고난의 길을 선택하면서도, 이에 대한 미안함이 남아 있었던 것 같습니다. 2017년 10월 봉하마을을 찾은 NY는 방명록에 '당신을 사랑하는 못난 이낙연'이라고 적었습니다.

어쨌든 NY는 그 선택으로 2004년 17대 총선에서 여당인 열린우리당에 맞서 힘든 선거를 치러야 했습니다. 그런가 하면 2007년 대통합민주신당을 위한 선도 탈당은 새천년민주당과 열린우리당으로 분당된 민주 세력을 원상 복구하려는 통합의 움직임으로, 개인의 이득을 위한 당적 변경이나 탈당으로 다뤄 기회주의적 선택이었다고 평가하는 것은 적절하지 않다고 생각합니다.

지역구 5선이 된다는 보장이 없으니 도지사 출마를 했다는 것과 관련해서는, 앞서 말씀드린 것처럼 당시 도지사 선거가 당선 가능성이 낮은 매우 어려운 선거였습니다. 5선 국회의원 출마보다 훨씬 어려운 일이었다고 생각합니다. 따라서 쉬운 길을 찾아 잽싸게 움직였다는 의미를 혹시라도 내포한다면, 타당하지 않은 지적이라고 생각합니다.

흙수저 보좌관, 정치에 희망을 품다

:: 저는 '흙수저'나 '금수저'라는 말을 좋아하지 않습니다. 모든 부모에게는 세상 누구보다 귀한 자녀일 텐데, 물고 태어난 수저를 탓하는 것 같아 부모님들이 들으면 섭섭해할 말이기 때문입니다.

그런데 국회에서 일을 한다고 얘기하면, 하나같이 묻는 질문이, '누구 빽으로 들어갔어?'였습니다. 친척이 정치권에 있거나 학교 선배 누군가가 끌어줬을 거라는 생각을 하는 것이었습니다. 그래서 부득이 제 상황을 설명드리고자 차용한 표현이니 용서를 바랍니다.

저는 초등학교 4학년 때 반에서 회장 선거라는 것에 처음 나갔습니다. 그것이 제 선출직 선거의 첫 경험입니다. 단 1표 차로 당선이 되며 투표를 통한 짜릿한 승리를 맛보았습니다. 각 반의 회장들은 자동으로 전교회장의 선거인단이 되는데, 그때 처음으로 '금품 선거'를 경험했습니다. 전교회장 후보로 나온 6학년 선배가 각 반의 회장들에게 샤프펜슬을 돌렸습니다. 그때는 뭐가 뭔지도 몰랐는데, 어쩌면 그것이 '정치'와 '선거'에 대한 거부감을 주는 계기가 됐던 것 같습니다.

6학년에 올라가 전교회장 선거를 앞둔 상황에, 당시에도 반의 회장을 하고 있던 제게도 제안이 왔습니다. 그러나 저는 단박에 거절했습니다. 전교회장이 되면 각 반에 선풍기를 돌려야 한다거나 학교에 기탁금을 내야 한다는 등의 소문을 들었기 때문입니다. 저는 그럴 형편이 되지 않았기에 애초에 마음을 먹지 않았고 대신 전교회장을 뽑는 선거의 진행을 맡았습니다.

그런가 하면 어른들의 '선거'는 가까이 해서는 안 될 기피의 대상이었습니다. 부모님은 혹여 선거 유세장 근처엔 얼씬도 못하게 했습니다. 괜히 갔다가 어른들의 폭력 현장에 휩싸일까 봐 걱정한 것입니다. 어릴 적 제가 살던 동네의 이웃들은 벽에 붙은 포스터 안에서 웃고 있는 후보자의 인상을 보고 투표하기도 했습니다. TV에선 '무풍지대'라는 드라마가 인기를 끌던 시절이었습니다.

그런 영향 때문이었는지, 제게 '정치'란 먼 세계의 사람들이나 하는 이야기 같았습니다. 적어도 돈이 많거나 힘센 사람들의 전유물이고, 국회란 그런 이들의 결집체라고 생각했습니다. 학창 시절 사회 교과서에서나 배웠던 국회는 법률을 만들고 예산을 심의하는 곳이라고만 들었지 그게 뭘 하는 일인지는 알 길이 없었습니다. TV에 나오는 국회의원들은 단상 앞에 진을 치고 고함을 지르는 아수라장의 주인공을 이었습니다.

뭔지는 몰라도 정권이 교체되는 상황에 뭉클한 감동을 느꼈고, 거기서 세상이 크게 달라질 것만 같던 막연한 기대와 희망을 품어보기도 했습니다. 그러다 터져 나오는 정치인들의 비리에 허탈해하기도 하며, 역시 정치는 먼 곳에서 다가가기 어려운 것이라는 생각을 굳히기도 했습니다.

몇 년 만에 한 번씩 선거의 계절이 돌아왔다는 걸 알려주는 이들이 있었습니다. 도로 앞에 세운 트럭 위에 올라 마이크를 잡고 온갖 세상을 비판하며 떠들어대는 후보자와, 그 앞에서 음악을 크게 틀어놓고 율동하는 선거운동원들이 그들입니다.

투표하는 날은 하루 쉴 수 있지만, 어딘지도 모르는 투표소를 찾아 잘 알지도 모르는 누군가를 뽑아야 한다는 사실이 큰 스트레스였습니다. 이처럼 정치란 인생에 하등 도움이 안 되고 상관없는 일로만 여겼던 제게 변화가 일어났습니다.

우연히 시작한 국회 인턴 경험이 정지에 대한 저의 많은 생각을 달라지게 한 것입니다. 정치가 가진 이들을 비호하며 공고히 하기 위한 수단이 아니라, 힘없고 약한 사람들을 위해 세상의 편중된 기울기를 조정할 수 있는 방편이라고 생각하게 됐습니다.

국회에는 하루에도 수많은 사람들이 찾아옵니다. 이러저러한 어려움과 문제점을 들고, 이렇게 저렇게 바뀌어야 한다는 제안을 하기 위해서입니다. 그것이 개인 누군가에게 또는 어떤 집단에게 도움이 되든 간에 문제가 있다면 개선돼야 한다는 사실은 힘을 발휘합니다. 그것이 특정 지역구의 문제라면, 다음 총선에서 한 표가 아쉬울 국회의원에겐 무시할 수 없는 일입니다. 게다가 그런 이익 계산에 의한 것이 아니더라도 정의감을 가진 이의 보람이나 세력을 보여주고 싶어 하는 이의 만족감을 위해서도 국회는 움직입니다. 그리고 그 변화는 바로 국민 누군가에게 돌아갑니다. 저처럼 한 표의 가치를 쉽게 생각하거나 혐오나 기피의 대상으로 정치에 관심을 두지 않았던 누군가에게 아무런 연유도 모른 채 결과가 적힌 통지가 날아갑니다.

이 사실을 알고부터는 모든 이에게 국회에 적극적으로 전화하고 찾아가고 자신이 뽑은 국회의원을 활용하라고 얘기합니다. 그러나 그것이 쉽지 않은 일임을 잘 압니다.

국회의원 NY는 지역 곳곳을 쉬지 않고 돌아다녔습니다. 힘이 있거나 돈이 있는 사람들이 아니어도 누구든 만나서 어떤 얘기든 들으려고 했습니다. 그도 모자라면, 그의 명함에 적힌 핸드폰으로 언제든 연락하라고 했습니다. 핸드폰으로 연락하는 일이 부끄럽고 꺼려진다면, 누구나 인터넷만 있으면 접촉할 수 있는 SNS 메시지를 보내는 방법도 있습니다. 국무총리가 되고 나서도 페이스북 메시지를 직접 확인하며 답변이 필요한 사항은 직접 연락을 하거나 담당자가 연락을 드리도록 조치했습니다.

사람들은 설마 NY가 직접 메시지를 보내는 것이 맞느냐며 의

심합니다. 어느 고등학생은 난데없이 반말을 하거나 욕설을 보내기도 합니다. 이득을 위해 패거리를 형성해 몰려다니거나, 저녁마다 힘 있는 사람들을 만나 관계를 쌓고 줄을 서는 일 같은 것과도 거리가 멉니다. 그래서 계파가 없고 세력이 없는 것이 NY의 단점이라는 얘기를 하는 이들도 있습니다.

국회의원 시절엔 외국 출장도 잘 가지 않았습니다. 가까운 일본이나 중국은 심지어 당일치기로 다녀오기도 했습니다. 의원이 장기간 해외 출장을 가야 보좌진들이 그 덕에 휴가도 좀 가고 하는데, NY에겐 그런 기대를 하기가 어려웠습니다.

그런 일들을 하거나 갈 시간에 지역을 한 번이라도 더 가고, 주민들을 한 명이라도 더 만나는 게 자신의 일이라고 생각했던 것 같습니다. 그렇게 생색을 낸 적도 없습니다. 그냥 제 눈에 비친, NY가 몸소 보여준 행동이 그렇습니다.

그래서 저는 감히 정치의 희망을 얘기합니다. 정치가 혐오가 아닌 친근하고 가까운 수단이 된다면, 그래서 우리 삶을 더 낫게 바꿀 수 있는 기회로 만든다면 어떨까 하고 말입니다.

이를 위해 거창한 개혁이나 새로운 인물에서 답을 찾기보다는, 우리가 좀 더 현재에 관심을 갖고 정치의 장점을 찾아내 활용하고 지원하는 일부터 시작했으면 합니다. 자신의 지역 국회의원이 누구인지 확인하고 의원실에 전화를 걸어 불편 사항을 개선해 달라고 요구하며, 국회 회의록을 뒤져 어떤 문제에 어떤 발언을 했는지 찾아내 비판하고 제대로 하라고 촉구하는 것부터 잘한 일

2018년 12월 15일 광주 양동시장을 찾았다가 파일가게 상인의 손을 잡고 있는 모습.
사진 총리실 김현 주무관

은 칭찬하는 일까지, 우리가 정치를 바꿀 수 있는 방법은 결코 멀리 있지 않습니다.

보좌관, 이낙연을 말하다

넥타이를 하루 전에 골라두는 남자

:: 대정부질문에 답변하기 위해 나선 NY를 TV로 보는 분들은 궁금해하시는 것이 하나 있습니다. 저 타이는 누가 골라준 걸까? 하고 말입니다. 보통의 정치인들이 무난한 색상이나 정당의 색상에 맞추는 등 특정 색상에 대한 선호를 보이는 것과는 조금 다르게 NY의 타이는 다양합니다. 행사의 성격에 맞추는 것 같습니다.

심상치 않은 것은 무늬나 색상의 선택입니다. 미적 감각이 예사롭지 않다는 느낌이 드니 사람들이 타이를 누가 고르는지 궁금해하는 것 같습니다.

미술을 전공한 부인, 김숙희 여사께서 골라주시는 것이 당연하다고 생각하는 분도 계십니다. 그러나 넥타이는 NY가 직접 고릅니다. 일하기도 바쁜데 대충 아무것이나 걸친다거나 또는 누군가가 골라준 것을 그대로 입고 나오는 것이 아니라, 타이 하나도 손수 고른다는 사실이 모든 일에 관심을 두는 NY를 어쩌면 가장 잘 나타내는 일이 아닐까 싶었습니다.

그뿐이 아닙니다. 타이를 비롯해 셔츠까지 하루 전에 미리 골라둡니다. 다음날의 행사나 언론 등에 노출되는 일정을 감안해 국민들께 표현하는 하나의 수단인 것입니다. 그리고 그 준비를 하루 전에 미리 해두는 것입니다.

어릴 적 새 학기가 시작하기 전에 교복을 챙기고 가방과 학용품을 미리 준비해두는 마음을 기억하실 것입니다. NY는 매일매일 그러한 준비 자세로 대비하는 것입니다.

그런가 하면 사람들은 또 궁금해합니다. 정말로 NY가 직접 SNS를 하는 것이냐고. NY 본인이 그렇다고 직접 답을 보내는데도 불구하고 끝까지 믿지 않는 분도 계십니다. 에이, 그럴 리 없어, 바쁘니까 다른 사람을 시켜서 하겠지, 혹은 저 나이에 SNS를 직접 할 리가 없지, 하는 의심입니다.

NY가 트위터에 가입한 것은 2010년 7월입니다. 제가 2010년 6월에 NY를 만났으니 모든 SNS를 직접 해왔다는 것을 증언하기에 충분하다고 생각합니다.

맞습니다. NY는 트위터를 시작으로 모든 SNS를 직접 해왔습니다. 여기서 '직접'이라는 것은 사진 선택과 글 작성을 직접 하고, 댓글과 메시지도 직접 쓴다는 것입니다. 다만 그렇게 직접 쓰고 선택한 글과 사진을 여러 곳의 SNS에 동시에 올리는 일은 직원들의 보조를 받곤 합니다.

특히 페이스북의 메시지엔 다양한 민원과 의견이 쏟아져 옵니다. 이것들을 하나하나 직접 읽고 답변을 하는데, 주로 차 안에서 이동하는 시간을 활용합니다.

핸드폰으로 글자를 타이핑하는 속도도 깜짝 놀랄 정도로 빠릅니다. 그렇다 보니 간혹 트위터나 페이스북에 '팔로우'나 '좋아요'를 잘못 눌러 누군가 문제를 삼기도 합니다. 핸드폰으로 스크롤을 하다 보면 한 번쯤 잘못 누르는 경험을 여러분도 해보신 적이 있으실 겁니다. 그런데 그것이 하필이면 엉뚱한 것을 눌러 오해를 산 적도 있습니다. NY는 억울한 일이겠지만, 공인은 '좋아요'나 '팔로우' 하나에도 신중해야 하고 실수가 없어야 한다는 교훈을 얻습니다. 어쨌든 SNS는 NY가 직접 하는 것이 맞습니다.

그런가 하면 이런 일도 있었습니다.

2011년 어느 날이었습니다. 사무실에 남아 있는데, 퇴근을 한 NY가 부랴부랴 사무실로 다시 들어왔습니다. 자신의 방으로 들어간 NY는 잠시 후 컴퓨터를 통해 '나는 가수다'를 보고 있었습니다. 당시 한창 인기를 끌던 TV 프로그램입니다. 한두 곡을 듣고서야 NY는 다시 사무실을 떠났습니다.

무슨 얘기를 하려나 궁금하실 것입니다. 제가 하고 싶은 얘기는 이것입니다. NY는 끊임없이 대중을 이해하고 소통하고자 하는 정치인입니다. 사람들이 좋아하고 많이 보는 프로그램에는 다 이유가 있습니다. 그 이유가 무엇인지 파악하는 것은 대중을 이해하는 시작입니다.

NY는 트위터가 한창 국내에서 퍼져 나갈 무렵인 2009~
2010년에 시작했고 직원들에게 사용법을 물어 꼼꼼히 숙지했습
니다. 대중들이 열광하는 '나는 가수다'의 얘기를 어디선가 듣고,
퇴근했던 사무실을 다시 찾아와 프로그램을 챙겨보는 모습을 보
며 끊임없이 대중과 소통하려는 노력을 하고 있다는 생각을 했습
니다.

국무총리가 되고 나서도 NY의 그런 모습은 변함이 없습니다.
3000만 명의 구독자를 가진 유명 콘텐츠 크리에이터 보람이에
대한 얘기를 간부회의에서 꺼내며 공직 사회의 소통을 강조하는
가 하면, '택시운전사' '1987' '말모이' '생일' 같은 영화를 페친(페
이스북 친구)들과 함께 관람했습니다.

포드 자동차를 설립한 헨리 포드는, '배우는 것을 멈춘 사람은
늙은 것이다. 20대이건 80대이건 배우기를 계속하는 사람은 젊
다'고 했습니다. 그런 의미에서 NY는 무척 젊습니다. 새로운 것
에 대한 배움을 계속하며 대중이 좋아하는 것을 이해하고 소통하
려 노력하는 NY를 따라잡는 것은 그래서 쉽지 않은 일 같습니다.

1990년 동아일보 도쿄 특파원 시절 사무실에서 기사를 작성하는 모습

동아일보 기자 시절 유럽 출장을 나왔을 때의 모습

정치미식가, 대충은 없다

:: 앞서 말씀드렸듯이 국회 보건복지위원회 경력이 있던 저는, 2010년에 보건복지위원회 상임위로 옮겨 온 NY를 만나 일하게 됩니다. 1년 남짓한 저의 경험을 마치 보건복지에 전문성이라도 가진 것처럼 여겼던 NY는 참고할 만한 자료를 제게 추천해달라고 했습니다. 돌이켜보면 NY의 입장에서 1년이란 전문성을 갖추고도 남아야 할 긴 시간이었던 것 같습니다. 또 한 번 부끄러워지는 순간입니다.

저는 고민하다 참여정부의 보건복지 정책 전반에 관한 정책 보고서를 구했습니다. 1000페이지 남짓한 분량의 양장본이었습니다. 통상 책꽂이에 꽂아놓는 장식용이거나 간혹 참고하기 위해 꺼내보는 용도의 책이라 생각했습니다. 그러나 그것은 저의 착각이었고, 허술히 살아온 인생을 반성하는 계기가 됐습니다.

NY는 그 즉시 일주일간의 여름휴가를 떠났습니다. 저도 덩달아 여름휴가를 떠나 실컷 놀았습니다. 휴가가 끝나고 돌아온 NY 의 손에는 곳곳에 줄이 쳐진 그 두꺼운 책이 들려 있었습니다. 그 리고 NY는 책 곳곳의 내용에 대한 의문을 제게 제기했습니다. 저 는 그 앞에서 단 한마디도 하지 못했습니다. 읽어보지 못한 책을 추천한 제 자신이 무척이나 부끄러웠던 순간입니다. 그 후로는 절대 먼저 접해보지 않은 것을 추천하지 않습니다.

비슷한 경험은 수차례 있습니다.

NY와 일하는 사람들이 흔히 겪는 일이, 잘 알지도 못하는 것 을 보고하는 것입니다. 따지고 보면 여기서 '잘 알지도 못한다'는 기준이 제각각이다 보니 발생하는 문제인 것 같습니다. 보고를 위해서는 나름 준비를 했겠지요. 이쯤이면 숙지가 됐다고 생각 하는 것일 겁니다. 우리는 통상 전체의 60~70퍼센트를 이해하면 뭔가에 대해 알고 타인에게 설명할 수 있다고 생각하지 않나요?

그러나 NY에게 보고를 하려면 120퍼센트 정도는 준비가 돼 야 합니다. 100퍼센트의 완벽한 숙지와 20퍼센트를 초과하는 여 유 있는 주변 지식과 상황에 대한 이해가 필요합니다. 그렇다 보 니 도지사 시절, 그리고 국무총리로 재직하는 동안 보고를 해야 하는 간부들이 어려움을 호소하는 일이 많았습니다. 보고를 들어 가면 NY가 이것저것 묻기 때문입니다. 전혀 생각해보지 못한 질 문, 그러나 엉뚱하지 않은 질문, 좀 더 생각했더라면 나도 해봤을 법한 질문, 하지만 답하기 결코 쉽지 않은 질문.

그 앞에 서면 머릿속은 이미 하얗고 뿌연 연기로 뒤덮여 아무 것도 보이지 않습니다. 무척 괴로울 수 있습니다. 그러나 저는 반대로 이렇게 생각해봅니다.

가령 어떤 상사는 보고를 하면 충분히 이해하지 못하고 건성으로 알아듣습니다. 쉽게 '컨펌'을 받다 보니 보고자의 입장에서는 매우 좋을 수 있습니다. 그러다 보면 현장에서 그 보고서의 내용을 잘못 이해하고 엉뚱한 얘기를 하는 경우가 생깁니다. 그럴 때는 얼굴이 화끈거리고 부끄럽기까지 합니다.

그러나 NY는 자신이 충분한 이해를 할 때까지 보고자를 붙들고 놔주지 않습니다. 보고자는 매우 힘이 듭니다. NY를 100퍼센트 이해시키려면 200퍼센트 준비를 해야 합니다. 그렇게 완벽히 이해한 NY는 그 보고서의 내용을 자기 고유의 언어로 바꿉니다. 훨씬 품격이 높아진 보고서는 현장에서 빛을 발하고, 보고서를 작성한 보고자의 만족도를 높입니다.

의전비서관을 했던 정영주 씨의 NY에 대한 기억입니다.

"총리는 정책 현안 하나하나 대충 넘어가는 법이 없으시, 부처마다 청와대 보고보다 총리 보고가 더 까다롭다는 불만 아닌 불만이 많았습니다. 그러나 괜한 트집이 아니었습니다. 기자, 국회의원, 도지사를 거치면서 체화된 비판 의식과 현장 경험을 바탕으로 정책들이 현장에서 제대로 작동될 것인지 실효성을 묻고 추궁하는 것이었습니다. 그래서 보고하는 입장에서도 야단은 맞지만 결국 수긍할 수밖에 없었습니다. 보고를 마친 간부들은 '한 수 지도받았다'는 얘기를 많이 하고는 했습니다."

이렇게 정신이 번쩍 들고 나면, 저는 너무 대충 살아가고 있는 것은 아닐까, 상대방도 그럭저럭 넘어가겠지 하는 안일한 기대로 제가 100퍼센트 파악하지 못한 것을 상대방에게 설명하고 제안하는 일에 익숙해져 있는 것은 아닐까 하는 반성을 하게 됩니다.

NY의 해외 순방은 매우 힘들기로 유명합니다. 일정이 매우 빡빡합니다. 심지어 동행을 한 기자들은 기사를 쓸 시간도 없다고 하소연합니다. 아침 조찬부터 회의가 시작돼 하루 종일 외빈들을 만나고 돌아다니고 나면, 저녁엔 동포나 국내 기업 관계자들과 만나 의견을 듣습니다. 그렇게 계속되는 일정의 연속이다 보니 자칫 외유성 순방은 꿈도 꾸지 못합니다.

그런가 하면 2012년엔 이런 일도 있었습니다. 19대 총선을 앞두고 지역에 내려가 선거운동을 한창 하던 시기였습니다. NY의 핸드폰은 항상 말썽이었습니다. 저장해둔 사람의 수가 1만 명을 넘어가고 명함에 개인 전화번호가 표기돼 있어 전화와 문자메시지를 누구에게나 받다 보니 늘 버벅대거나 멈추곤 했습니다. 그래서 총선을 앞두고 큰맘 먹고 핸드폰을 새로 장만했습니다. 당시엔 핸드폰 대리점에 구비된 컴퓨터로 기존 핸드폰에 저장된 번호를 새 폰으로 옮겨주곤 했습니다.

저희는 당연히 그 프로그램을 신뢰했고, 새로 만든 핸드폰에 연락처를 옮겨 NY에게 갖다 줬습니다. 그날 밤 저희는 날벼락을 맞았습니다. 이름과 번호가 일치되지 않은 상태로 저장된 번호가 튀어나온 것입니다. 어쩌다 한 개 틀린 것일 겁니다. 그게 저희 답변이었습니다. 그러나 그 말을 어떻게 믿느냐는 것이 돌아온 NY의 답변이었습니다.

저희는 밤늦게 NY의 숙소로 불려 갔습니다. NY는 잠옷 차림으로 명함을 바닥에 깔아놓고 핸드폰의 연락처와 일일이 대조하고 있었습니다. 결국 두 개의 잘못된 번호를 찾아냈습니다.

뭘 이렇게까지 할까 싶었습니다. 틀리면 틀리는 대로 하면 안 될까. 나중에야 제 생각이 글러 먹었다는 걸 깨달았습니다. NY가 찾아낸 잘못된 번호는 대단한 실력가의 번호가 아니었습니다. 마을 주민 누군가의 번호였습니다. 만약에 그 주민께서 NY에게 전화를 걸었을 때 잘못 저장된 이름을 거론하면 상대방이 받을 실망감이 매우 클 것 같았습니다. NY는 그 마음 하나까지 살뜰히 살핀 것은 아니었을까요?

정글 안에서 품격을 외치다

:: 2019년 12월 퇴임을 앞둔 총리가 세종시에서 기자들과 간담회를 가졌습니다. 그 자리에서 NY는 "제가 다시 돌아갈 그곳이 정글 같은 곳이지만, 국민이 신망을 보내주셨던 그러한 정치를 견지해야 한다고 생각합니다. (…) 국민이 갈증을 느끼는 건 정치의 품격, 신뢰감 이런 것이 아닌가 생각합니다"라고 말했습니다.

며칠 뒤 포털 사이트 네이버 지식iN에 이런 글이 올라왔습니다.

"여의도 복귀 앞둔 이낙연 국무총리가 품격 있는 정치를 할 수 있을까요?"

NY의 말이 잘 지켜질까 궁금하기도 하고 워낙 정치판이 험한 곳이니 걱정도 됐던 모양입니다. 오죽하면 이런 걸 공공이 보는 곳에 올려서 묻고 있을까 싶었습니다.

채택된 답변은 이렇습니다. "일방적인 행정직 총리와 여야 피터지는 전쟁터인 여의도 정치는 다를 겁니다. 품위를 지키려면 야당에 양보를 많이 해야 하는데, 과연 그럴 수 있을지는 두고 봐야 할 것입니다."

국무총리로 있을 때는 그것이 가능했지만, 정쟁의 장인 정치의 중심에서는 그것이 어려울 것 같다는 추정입니다. 그러나 저는 다르게 생각합니다. 답변을 하신 분은, 총리가 되기 전의 NY에게 관심을 두지 않았기에 보지 못하신 게 있습니다.

국회가 열리면 우리는 대정부질문이라는 것을 보게 됩니다. 국무총리나 장관들이 불려나와 국회의원들 앞에서 호되게 혼나거나, 그 정도가 지나쳐 한마디 맞섰다가 눈살을 찌푸리는 공방으로 치닫기도 합니다. 그러다 국회의원이 "들어가세요" 한마디하면 각료들은 인사를 꾸벅하고 뒤돌아섭니다.

그런 모습이 대중의 흥미를 끌기가 어렵기에, 여태 대정부질문은 국회방송용 이벤트인가 생각하기도 했습니다. 그러다 NY가 국무총리가 된 첫해, 대정부질문이 토막 영상으로 편집되고 익살스러운 자막들이 붙으며 SNS에 수도 없이 퍼져나가기 시작했습니다. 다음은 당시 제354회 국회 정기회(2017년 9월 11일)에서 의원들의 질문에 답하는 모습입니다.

김성태: 이미 한미 동맹 관계는 신뢰 관계는 금이 갈 대로 간 이후에 울며 겨자 먹기 식으로 그것도 임시 배치하는 것 갖고 더 이상 굳건한 안보 운운하지 마세요. 양심이 있다면 그런 이

야기하면 안 되는 거예요. 오죽하면 트럼프 대통령이 아베 총리와 통화하면서 '한국이 대북 대화 구걸하는 거지 같다'는 그런 기사가 나왔겠습니까? 미국에게는 척지고, 중국에게는 발길에 차이고, 북한에게는 무시당하고. 결국 왕따 신세만 자초한 거 아닙니까?

이낙연: 그런데 저는 김성태 의원님….

김성태: 잠깐만 이야기 들어보세요.

이낙연: 예. 김성태….

김성태: '전략적 왕따'가 문재인 정권 안보 전략인지 이제 답변 한 번 정확하게 해보세요.

이낙연: 예. 김성태 의원님이 한국 대통령보다 일본 총리를 더 신뢰하고 있다고 생각하지는 않습니다. 생각하지 않습니다.

함진규: '욜로 정권'이라고 부르고 있습니다. 욜로 정권, YOLO. 오직 현 정부 임기만을 생각하지 차후 정부 생각을 안 하고 있다는 것. 전기료 인상은 제가 여기서 더 이상 말씀드리지 않겠습니다. 안보 문제에 대해 한 말씀 드리겠습니다. 여러분들이 굉장히 많이 말씀을 해주셨는데요. 지난 8월 27일 노동신문 논평을 한 번 보면서 말씀을 드리겠습니다. 그토록 우리 문재인 정부가 대화 제의를 주장하고 계십니다. 저게 8월 27일 노동신문에서 논평한 겁니다. '제 푼수도 모르는 대화의 조건 타령' '남조선은 대화 자격 없어' 그 무슨 운전석 운운하며 처

지에 어울리지도 않는 헛소릴 하고' '괴뢰들과 핵 문제 논하는 일은 추호도 없을 것' '핵은 우리와 미국 사이의 문제' '남조선의 근본 입장이 바로 서지 않는 한 대화는 하나 마나'. 이게 북한에 대해 대화를 우리가 주장하고 있는 북한의 입장입니다. 이 부분에 대해 어떻게 생각하세요?

이낙연: 미국에서도 대화를 간간이 거론하고 있습니다. 제가 오히려 되묻고 싶은 것은 미국이 대화를 말하면 전략이라 하고 한국이 대화를 말하면 구걸이라 하는 그 기준은 또 무엇인지 오히려 이상합니다. 현재 한미 간에는 별다른 견해 차이가 없습니다.

NY의 답변이 지지층에 시원함을 주면서도 대중에게 곱씹는 재미를 줬기 때문입니다. 하지만 무엇보다도 답변에 '품격'이 있었던 것이 많은 이들의 관심을 끌었던 주요한 원인이라고 생각합니다.

그뿐이 아닙니다. 2017년 여름, 국무총리가 되고 첫 휴가를 얻은 NY는 경북 안동으로 갑니다. 그때 이런 일이 있었습니다. 국무령 이상룡 선생의 생가인 임청각(보물 제182호)을 찾은 NY가 방명록에 글을 남겼습니다.

멸 사 봉 공　　　　혼　　　　　　임 청 각
滅私奉公의 魂이 숨쉬는 臨淸閣

현장에 함께 있던 당시 총리실 소통총괄비서관 Y씨는, '품위의 상징'인 유림의 본거지 안동에서 한자어로 방명록을 써내려 가는 NY를 보면서 우리 행정의 품격을 느꼈다고 말합니다.

NY의 품격은 총리실 간부들도 느낄 정도입니다. 그러나 이 또한 총리 시절의 얘기들입니다. 지식iN 답변자의 말씀처럼 행정이 아닌 정치의 영역에서는 다르다는 것을 해결하기엔 충분한 증거가 되지 않습니다.

비슷한 생각을 했는지, 누리꾼들에 의해 또 한 번의 '차트 역주행'이 일어납니다. NY의 대정부질문 답변에 준하는 국회의원 시절의 자료를 찾아낸 것입니다. 10년이 훨씬 지난 2007년 1월 국회에서 열린 '개헌 왜? 어떻게? 여야 토론회'에서 NY는 상대 진영의 달변가인 박형준 전 의원을 상대로 조목조목 막아내며 특유의 촌철살인을 보여준 것입니다.

박형준: 왜 민심을 거역해야 할까요? '민심과 함께하면 실패할 것이 없고, 민심과 함께하지 않으면 성공할 수 없다.' 이거, 링컨 대통령이 하신 말씀입니다.

이낙연: 세네카는 이런 말을 했습니다. '민심에 거스르기만 하면 국민에 의해 망할 것이고, 민심에 따르기만 하면 국민과 함께 망할 것이다'라고요.

그런가 하면 한 언론이 18대 국회 당시 모든 상임위의 법안 처리율을 조사한 적이 있습니다.('법안 처리율, 교과위-복지위-환노위 꼴찌권' 동아일보 2009.12.12.) 이때 1위를 한 상임위가 농림수산식품위원회입니다. NY는 2008년부터 2010년까지 국회 농림수산식품위원장을 했습니다. 당시 전체 상임위의 평균 법안 통과율은 31.6퍼센트였는데, 농림수산식품위는 두 배에 가까운 60.1퍼센트였습니다.

이 비결을 당시 NY는 "'잦은 '식사 대화'가 의안 처리에 가장 효율적"이라고 말하며 구체적인 방법으로 "여야 의원들이 장관, 농협 문제에 정통한 인사 등과 잇달아 밥을 먹으면서 '끝장 토론'을 벌이다 보면 저절로 이견이 좁혀지더라"라고 밝혔습니다.

여야를 막론하고 합의안을 만들기 위한 위원장의 노력이 돋보인 부분이라고 생각합니다. 자신이 속한 정당의 편에서 한쪽의 안을 일방적으로 설득한다거나, 한 가지 안을 채택하는 조건으로 다른 하나를 내어준다거나 하는 방법은 희생과 양보 위에서 민주적으로 회의가 이뤄진 것 같아도 개별적인 안을 중심으로 놓고 봤을 때 합리적인 결정을 한 것이라고는 보기 어렵습니다.

그런데 NY는 양자의 이성에 기대어, 전문가를 활용하거나 끝장 토론을 유도해 합리적인 안을 도출해낸 것입니다. 당시 농림수산식품위원회는 여야가 싸우지 않고 합의 처리로 운영되는 상임위로 이름을 높였습니다. 그 결과 NGO 모니터단이 전무후무한 '최우수 상임위원장상'을, 한국농업경영인중앙연합회가 '우수 상임위원장상'을 주기도 했습니다.

비 오는 날 이주영
의원과 나란히
걷는데 뒤에서 보면
한쪽으로 우산이
기울어져 있는 모습

또 저는 NY가 국회에서 다른 의원들과 싸우는 모습을 보지 못
했습니다. 여야로 의견이 갈리더라도 상대를 존중하며 논리로 접
근하려고 했고, 그마저도 어려울 땐 양보할 방법을 찾기도 했습
니다.

2013년에 JTBC에서 방영된 '시대기획 동행'이라는 프로그램
에 당시 새누리당 이주영 의원과 출연한 적이 있습니다. 당이 다
르지만, 두 사람은 서울대 법대 70학번 동기 동창이자 2000년
16대 국회 입성 동기이기도 합니다.

그날 촬영 중에 비가 왔습니다. 우산을 쓰고 이동하는 두 사람
의 뒤를 따라가다 제가 찍은 사진입니다. 우산이 한쪽으로 기울
어져 있는 모습이 인상적이었습니다. 자신보다 상대를 위해 배려
하는 NY의 모습이 그대로 배어나온 것입니다.

2011년에는 국회의원 연구 모임인 '일치를 위한 정치포럼'이 '국회를 빛낸 바른언어상'이라는 것을 만들었습니다. 1년 동안 국회 본회의와 상임위에서 의원들이 한 발언을 교수와 학생들이 모니터링해 뽑은 '으뜸 언어상' 수상자로 선정되기도 했습니다. 말의 품격을 높은 가치로 여기는 NY는 이 상을 받은 것을 매우 기뻐했던 것으로 기억합니다.

이와 같이 살펴본 이유에서, 저는 NY가 정글이 아닌 더한 곳에 가더라도 배려와 겸손이라는 특유의 성품과 절제로 '품격'을 지켜낼 것을 확신합니다.

글씨에 마음을 담다, 낙연체

:: NY의 대중적 인기가 높아지다 보니 그의 글씨까지 덩달아 인기를 얻었습니다. 2017년 6월 1일 현충원 방문 때 적은 NY의 방명록 사진이 인터넷 게시판에 돌며 누리꾼들의 관심을 모았습니다. 혹자는 여고생 글씨처럼 예쁘다며 진중한 그의 모습과는 사뭇 다르다고 신기해하기도 했습니다. 곧이어 인터넷 게시판을 중심으로 '낙연체' '여니체'라는 별칭이 붙어 삽시간에 퍼져 나갔습니다. 이윽고 언론은 신조어를 탄생시킨 NY의 필체를 다루기도 했습니다.('낙연체' 신조어 탄생시킨 이낙연 총리의 필체' 중앙일보 2017.6.9.)

국내 첫 필적 연구가라는 구본진 로플렉스 대표변호사는 NY의 글씨체에 대해 "생동감 있고, 미적으로도 아름답네요. 생각보다 각이 많은 걸 보면 부드럽기만 한 사람은 아닙니다. 용기 있

고 바른 사람이라는 생각이 들어요"라고 평가했습니다.("'부자들
의 글씨는 'ㅁ'을 꽉 닫는 경향이 있습니다'" 서울대 총동창신문 제488호
2018.11.15.)

　낙연체는 글씨의 모양이기도 하지만 문체이지 말투이기도 합
니다. NY의 이런 면모를 일찍 알아본 경향신문 박병률 기자는 자
신의 블로그에 이미 '낙연체'를 언급하며 이렇게 올리기도 했습
니다.("'낙연체', 논평에도 명품이 있더라' 2005.5.23.) 허락을 얻어 그
대로 게재합니다.

기사를 쓰는 데 첫 리드를 풀기가 매우 어려울 때가 있다.

뭔가 머릿속에서는 뱅뱅 도는데 도저히 첫 자를 쓸 수 없는 느낌.

커다란 벽에 막힌 것 같기도 하고 깜깜한 상자에 혼자 갇힌 것 같기도 한 혼란.

머릿속은 풀려진 테이프처럼 마구마구 엉킬 때 내가 즐겨 찾는 메뉴가 있다.

'낙연체'다.

낙지연포탕이 생각나기도 하는데, 맛은 다르다.

깔끔하고 담백하고 시원하면서도 건더기는 없는 말간 느낌이라고나 할까.

민주당 이낙연 원내대표의 글쓰기가 일명 '낙연체'다.

이대표 글의 특징은 짧다. 간결하다. 군더더기가 없다.

현란한 형용사와 부사는 버렸다. 미사여구도 생략했다.

구질구질한 활개를 잘라 버리자 글이 깔끔해진다.

메시지는 명쾌해지고 명확해진다.

주어와 술어만으로도 글이 힘을 가질 수 있다는 것.

이대표 논평에서 배웠다.

이의원이 며칠 전 노대통령의 연설에 대해 "청와대가 요즘

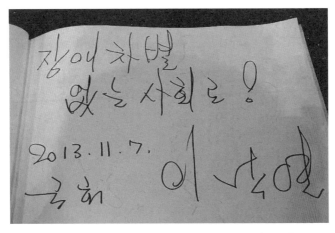

국회의원 시절의 낙언제. 2013년 11월 7일 전남 담양 장애인한마당을 찾았다가 방명록에 남긴 글

피곤하냐"며 문제점을 지적했다.

이의원은 "격조는 간혹 파격에 양보하는 것 같지만, 노대통령의 말씀은 알기 쉽고 감동을 주는 편"이라면서 "때로는 재미가 지나쳐 탈을 남기기도 하지만, 노대통령의 말씀은 상대에 대한 성의를 담고 있다"며 노통의 그간 연설을 그리워했다.

노통은 이의원의 홈피(홈페이지)에 들어와서 전문을 읽어봤을까.

그의 홈피에서 그가 남긴 '명작'들을 찾아봤다.

논평에서도 명품이 있을 수 있다는 것, 이의원을 만난 것은 행운이다.

논평 1: 민족은 부산 아시안게임을 기억할 것이다

부산 아시아경기대회가 끝났다.

종합 2위를 유지한 한국 선수단의 선전을 치하한다.

민족의 가슴에 깊은 감동을 심은 북한 응원단과 선수단에 감사를 표한다.

최선을 다한 참가국 선수와 임원 모두에게 박수를 보낸다.

자원 봉사자를 비롯한 부산 경남 여러분의 노고에도 감사드린다.

부산 아시아경기대회는 국내에서 열린 국제 체육대회 사상 처음으로 북한이 참가, 민족이 하나 되는 신선한 체험을 남북 양측에 선물했다.

이것은 '국민의정부'가 일관되게 추진해온 대북 포용 정책의 결과인 동시에,

남북 관계를 더 높은 차원으로 끌어올리기 시작한 역사적 사건이었다.

민족은 부산을 영원히 기억할 것이다.

2002년 10월 14일
새천년민주당 중앙선거대책위 대변인 李洛淵

논평 2: 월드컵이 끝나고

-잘했다. 행복했다. 고맙다. 이제 새로운 출발이다.-

잔치는 끝났다. 그러나,

월드컵 4강의 위업은 신화가 아니라 역사가 됐다.

온 국민의 가슴에는 자신감과 자부심과 일체감이 남았다.

그 자신감과 자부심과 일체감으로

우리는 새로운 출발에 나서야 한다.

정치 경제 문화 체육 등 모든 분야에서

훨씬 더 자랑스러운 대~한민국을 만들어야 한다.

한민족 대도약의 새로운 역사를 창조해야 한다.

우리를 가르는 그 어떤 분열주의도,

우리를 비하하는 그 어떤 자학주의도 단호히 배격하자.

통합과 자긍과 진취의 사회를 건설하자.

그 과업을 정치가 수행해야 한다.

최선을 다하는 정치,

그리하여 국민들께 감동을 드리는 정치를 펼치자.

2002년 6월.

우리는 하나였다.

우리는 행복했다.

우리를 하나로 묶고 행복하게 해준

태극전사와 거스 히딩크 감독, 고맙다.

붉은 악마를 비롯한 국민 여러분께도 감사드린다.

월드컵의 성공적 개최를 위해 애쓰신 한일 양국 국민 여러분,

월드컵에 동참하신 지구촌 가족 여러분께도 감사의 말씀을 올린다.

2002년 6월을 우리는 영원히 기억할 것이다.

2002년 6월 30일

새천년민주당 대변인 李洛淵

그런데 정작 저희들은 NY의 글씨 때문에 애를 먹었던 기억이 있습니다. NY의 기자용 속기체는 NY의 수첩을 통해서도 알려지긴 했지만, 저희들에게 던져지는 민원 정리용 문서의 글씨는 훨씬 알아보기 어려웠습니다.

현장에서 쏟아지는 다양한 민원인들의 말씀을 빠르게 받아 적고 의견을 달아 수정하다 보니 그랬던 것 같습니다. 보통은 앞뒤 맥락을 통해 이해할 수 있었지만, 간혹 한자 간체가 섞여 있거나

2019년 3월 8일 신채호 선생 생가를 방문했을 당시 수첩에 메모하는 모습. **사진 총리실 김현 주무관**

한글이라도 휘갈겨 쓴 경우 도무지 알기 어려웠습니다. 그럴 때는 글자 하나라도 놓칠 수 없었던 저희 보좌진들은 둘러앉아 대체 그 글씨가 무슨 글자인지 회의를 하기도 했습니다. 가끔은 그런 스스로의 모습이 재미있어 폭소가 터지기도 했습니다. 다른 곳에서는 볼 수 없는 NY 비서들만의 진풍경이었습니다.

무슨 글자인지 NY에게 물어보면 될 일이지만, 그런 것 하나 몰라서 물어보는 무능한 보좌진이 되기 싫어 스스로의 힘으로 해결하려다 보니 그런 '웃픈' 해프닝이 일어났던 것 같습니다.

제 생각에는 NY의 예쁜 글씨 역시 스스로의 피나는 노력으로 만들어진 것 아닐까, 일종의 대외용 서비스가 아닐까 하는 생각이 들어 NY의 형제들께 여쭈었더니, 원래 형제들 모두 달필이라고 합니다. 낙연체는 집안의 내력인 것 같습니다.

어쨌든 국민들이 정치인의 글씨에도 관심과 애정을 쏟는다는 것은 매우 고무적인 일임에 틀림없습니다. 단순히 글씨 모양이 예쁘다는 것을 두고 신기해하는 것 이상으로 낙연체에는 그것을 보는 이를 향한 배려와 겸손, NY의 마음이 담겨 있다고 생각합니다.

요미우리 자이언츠 이야기

:: 동아일보 기자 시절 도쿄 특파원을 지낸 NY는 자주 저희에게 요미우리 자이언츠 얘기를 하곤 했습니다. 요미우리 자이언츠 팀은, 일본 프로야구 센트럴리그 소속으로 도쿄도를 연고지로 하는 구단입니다. 창단 후 2010년까지 리그 우승 42회, 일본시리즈 우승 21회를 한 최고 명문 구단이기도 합니다.

이런 승리의 비결을 NY는 다음과 같이 얘기합니다. 요미우리 자이언츠는, 우승한 날 밤에 모여 그다음 시즌을 계획한다는 것입니다. 보통은 우승을 하면 고생한 지난날을 위로하고 축하하며 파티를 열기 마련인데, 이 팀은 그다음 경기를 걱정하고 준비하는 데서 최고 구단이 될 수 있었다는 얘기입니다.

저는 이 이야기가 참 듣기 싫었습니다. 그날 하루는 좀 긴장을 늦추고 성과를 즐겨도 되지 않겠나 하는 생각을 했기 때문입니다.

하지만 NY가 강조한 덕에, 저희는 두어 달에 걸친 국정감사를 마치고도 긴장의 고삐를 풀지 않았습니다. 어느 날은 국정감사를 마친 날이 금요일이었는데, NY가 고생이 많았으니 푹 쉬라고 했습니다. 웬일일까 싶었지만, NY가 우리의 노고를 알아준 것 같아 무척 고마웠습니다. 그런데 다음날 아침인 토요일에 바로 업무 지시가 떨어졌습니다. 결국 NY의 덕담은 금요일 밤 시간을 푹 쉬라는 얘기였던 것입니다.

긴장을 늦추지 않고 쉼 없이 일해야 하는 것이 고용주의 가혹한 노동 착취가 아니냐고 하실 분도 계시겠지만, 저는 이것이 국민들을 위해 일해야 하는 공직자의 자세가 아닐까 싶습니다. 물론 그것이 말처럼 쉬운 일은 아니고 매우 엄혹한 기준이기는 하지만 수혜자 기준에서 생각한다면 훌륭한 생각이라는 것을 부인할 수 없습니다.

제가 무리해서 NY를 옹호하려 한다고 생각하실 것입니다. 그러나 저 자신이 힘들어도 힘들다는 생각을 못 하고 그것이 옳다고 생각하기까지는, 솔선수범하며 모범을 보이는 NY를 눈앞에서 봐왔기에 가능한 일입니다. 자신은 펑펑 놀면서 남들을 부려먹는다면 불만이 클 텐데, 저보다 더 열심히 힘들게 일하는 상사의 모습을 보면서 그 앞에서 쉬고 싶다고 얘기할 수 있는 사람은 많지 않을 것입니다.

2018년 3월 25일에 NY는 모친상을 맞았습니다. 그날은 마침

'개헌안 심의' 국무회의가 열리는 날이었습니다. NY는 모친상에도 국무회의를 주재했습니다. 해외에 나가 계시던 대통령께 소식을 알려 공연한 심려를 끼칠 것을 걱정하기도 했습니다.

2013년 8월 부친상을 당한 저 역시 이틀 상을 치르고서 바로 업무에 복귀했습니다. 아무도 그것을 원하지 않았지만 몸에 밴 업무 중심의 사고 때문이라고 생각합니다. 공직 사회에 그 정도의 업무 강도를 원한다면 가혹하다는 비판이 나옵니다. 하지만 스스로 보이는 모범적인 모습을 비판해서는 안 된다고 생각합니다.

NY는 국회의원 시절부터 휴가를 잘 가지 않았습니다. 그래도 직원들에게는 여름휴가만은 충분히 보장했습니다. 굳이 어딘가 가지 않고 책을 읽는다거나 했던 것을 보면 직원들의 휴가 보장을 위해 마지못해 휴가를 냈던 게 아닌가도 싶습니다. 직원들에게는 쉬라고 해놓고 본인이 사무실에 나와 직원들이 신경 쓰이게 할 수는 없었을 테니까요.

그런데 도지사가 되고는 그 휴가마저 반납했습니다. 도지사가 된 첫 해인 2014년에는 당초 8월 5일부터 8일까지 공관에 머물며 가족들과 휴가를 보내기로 했었습니다. 하지만 NY는 휴가 중에도 세계적 리조트 회사인 MGM 리조트 인터내셔널의 윌리엄 스콧William Scott CEO를 직접 만나 지역의 리조트 및 병원 설립과 관련한 투자 유치 활동을 펼쳤습니다.

그다음 해인 2015년에는 8월 3일부터 7일까지 전남의 섬과

산자락에서 휴가를 보낼 예정이었지만, 이틀 만에 휴가를 반납하고 다시 출근해 임박한 '복합리조트 사업' 대상지 선정에 여수 경도가 포함될 수 있도록 정부를 설득하는 등 투자 유치 활동을 이어갔습니다.

2016년에는 당초 8월 16일부터 19일까지 여름휴가를 보낼 예정이었으나 건강 검진을 받고 그다음 날 바로 업무에 복귀했습니다. 휴가 첫날에도 공무원들에게 업무 지시를 하기도 했습니다.

국무총리가 된 첫 해인 2017년에는 8월 10일부터 11일에 걸친 2박 3일 휴가를 냈지만, 경북 안동과 경주, 칠곡 등을 돌며 지역 현안을 챙겼습니다. 이듬해인 2018년에는 8월 9일부터 14일까지 나흘간의 여름휴가 가운데 주말 휴일 이틀을 빼고는 전북·경남·충남 지역 관광 현장을 방문해 국내 관광 활성화를 꾀했습니다. 국내 전반에 휴가 장려 등 내수 진작의 분위기가 있었기 때문입니다. 그리고 2019년에는 문대통령에 이어 NY도 휴가를 취소했습니다. 일본의 경제 보복과 북한 미사일의 러시아 영공 침범 등 어수선한 대외 정세의 영향이 있었습니다.

이처럼 NY의 휴가는 말이 휴가이지, 마지못해 떠나서도 정작 복귀하거나 쉬지 않고 업무를 챙겨보는 식입니다. 도무지 쉬는 것을 알지 못하는 것 같다는 생각입니다.

어쨌든 그 덕분에, 저는 어디를 가서도 게으름을 피운다는 평가는 받지 않게 된 것 같습니다. NY가 도지사에 가 있는 동안 저

는 국회로 돌아와 다른 의원실에서 보좌관으로 일했습니다. 평균 퇴근시간이 밤 11시였습니다. 저 때문에 저희 사무실은 24시간 불이 꺼지지 않는다는 소문까지 돌았습니다.

일이 없어도 사무실에 남아 새로운 일을 찾아 만드는 재미에 푹 빠져 있었습니다. 주말에도 하루 정도는 정상적으로 출근을 해서 놀더라도 사무실에 나와서 놀았습니다. 다만 저와 함께 일 했던 직원들과 훗날 만나서 저녁을 먹었는데, 제가 일을 힘들게 시켜 운 적이 있었다고 털어놨습니다. 그 얘기를 듣고는 마음이 너무 아파 진심으로 미안했다고 사과하기도 했습니다. 저는 아직 다른 동료에게 상처 주지 않고 일을 열심히 할 수 있는 수준까지 이르지는 못한 것 같습니다.

총리실에 와서도, 국회에서 하던 습관대로 이것저것 일을 만들었습니다. 주변에선 대체 어떻게 그런 시간이 나냐고 했지만, 평소 하던 버릇대로 늦게까지 남아 일을 하고 주말에도 하다 보니 그랬던 것 같습니다. 그 결과 총리실에서 '적극행정' 표창까지 받았습니다.

일을 두려워하지 않고 열정을 갖고 매진하는 성실함은 NY에게서 물려받은 큰 유산이라고 생각합니다.

이주사? "함께 일하기 가장 편했던 사람"

:: NY가 꼼꼼하고 엄격해서 일하기 어렵다는 평가가 있습니다. NY가 도지사 시절 함께 일했던 전남도청의 공무원들은 '이주사'라고 부릅니다. 도지사가 6급 주사와 같은 실무자처럼 일하다 보니 힘들었다고 얘기합니다. 관리자는 큰 방향만 정해주고 세부적인 것은 실무자가 마음대로 할 수 있도록 위임해주면 편하다는 얘기인 것 같습니다.

그러나 비용과 시간을 들여 기관장을 주민이 직접 뽑도록 하는 것은 공무원들이 편하게 일할 수 있게 해달라는 취지가 아닙니다. 물론 세부적이고 자잘한 일은 공무원들이 잘해주시리라 믿고 맡겨달라는 뜻인 것을 잘 압니다. 하지만 신뢰의 문제가 아니라 수년간 끌어온 도정을 새로운 부대에 담기 위한 작업의 시간이 고되고 더딘 것은 당연한 일입니다.

그 과정에서 유독 NY와 손발을 맞추는 일이 험한 것은 사실입니다. 매우 꼼꼼히 들여다보고 대충이 없기 때문입니다. 하지만 그 과정이 지나고 나면 오히려 일하기가 매우 편합니다.

2006년부터 2010년까지 4년 동안 비서관으로 함께 일했던 류경재 씨는 이렇게 말합니다.

"업무 지시가 매우 명확합니다. 자기가 잘 모르는 것을 상대가 알아서 찾아주겠지 하는 식의 지시를 하지 않습니다."

간혹 상사가 막연한 지시를 하면, 그 답을 찾을 길이 요원합니다. 고생해서라도 찾아낼 수 있는 일이면 성과와 보람이 있겠지만, 도무지 답이 없는 것을 찾아내라고 지시하면 실무자의 스트레스는 엄청납니다.

현실에서는 그런 일이 종종 벌어집니다. 뭔가 있겠지 하는 막연한 생각에서 상대방이 알아서 찾아 오겠지 하고 지시하는 순간 회의가 만들어지고, 다수의 머리가 맞대져 찾아낸 답안이 정답인지는 지시자가 마음에 들어할 때까지 알 수가 없습니다.

그러나 NY는 자신이 알지 못하고, 할 수 없는 일을 절대 지시하지 않습니다. 심지어 지시가 매우 구체적입니다. 언제, 어디서, 무슨 상황이 있었으니 그것을 찾아오라는 식입니다. 그것이 기사일 경우 심지어 날짜까지도 매우 정확합니다.

어떠한 방식의 일을 찾아보라고 할 때는 사례를 들어줍니다. 그와 유사한, 또는 그에 착안해 아이디어를 찾아보라는 식입니다. 그럼에도 불구하고 그것이 불가능에 가까운 일일 때에는 그 사유만 잘 설명하면 NY는 납득합니다.

그런가 하면 상대방의 지위가 무엇이든 타당한 의견이라면 반드시 채택합니다. 그리고 사소한 의견이라도 성과로 이어지도록 갈고 닦는 기회를 만듭니다. 그 과정이 힘든 것입니다. 도제의 지난한 수련이 끝나고 만들어진 빛나는 도자기는 만인의 예술 작품이 되기도 합니다.

보좌관-비서관-비서-인턴으로 이어지는 보좌진의 직제에서 의원에게 보고를 하는 것은 통상 보좌관의 몫입니다. 그러나 NY 의원실은 인턴비서도 자신의 일은 직접 NY에게 보고하도록 했습니다. 국민의 세금으로 일하는 프로인만큼, 자신의 일에 책임지기를 바라는 마음이었다고 생각합니다.

그리고 인턴비서가 쓴 질의서 하나라도 무시하지 않고 NY는 꼭 살렸습니다. 당시 비서관이던 제가 보기에도 너무 자잘한 얘기여서 질의를 하기에 적당해 보이지 않는 질의서들도, NY는 꼭 이것저것 보완을 시켰고, 결국 정부 장관들을 상대로 질의하기에 충분한 품질로 만들어냈습니다. 인턴비서의 노력이 사장되지 않기를 바랐던 것입니다.

보좌진은 자신이 공을 들여 준비한 보고서가 현장에서 사용되는 것에 보람을 느낍니다. 국정감사나 상임위에서 장관을 상대로 의원이 질의를 하거나, 보도자료가 기사화되고 연설문이 정론관에서 낭독되면 고생했던 시간은 기억도 나지 않게 뿌듯합니다.

반대로 자신의 노력이 담긴 보고서가 읽히지도 않거나 아무짝에도 쓸모없는 이면지에 불과하게 되면 그 서글픔과 자괴감의 고통이 매우 큽니다.

그런 점에서 NY는 일정한 수준에 달할 때까지 가혹하리만큼 꼼꼼한 보완과 수정을 요구하지만, 절대 보좌진의 노력을 수포로 날리지는 않습니다. 그리고 스스로의 의욕으로 만들어낸 일은 일정한 수준까지 다듬어줍니다. 절대 하지 말라는 얘기는 하지 않습니다.

이런 일도 있었습니다. 전남지사 선거를 앞둔 2013년에는 NY 하면 떠오르는 단어들을 올려달라고 SNS에 게시했습니다. '아버지' '큰오빠' '신뢰' '카리스마' '성실' '책임감' '대변인' '수첩' '신사' '순백의 와이셔츠' '원칙' 등 누리꾼들이 다양한 키워드를 올렸습니다. 저는 이들을 모아 '온라인 배지' 형태로 만들었습니다. 그리고 원하는 사람들의 이름을 달아 배포했습니다. 돈을 들이지 않고 공직선거법에도 저촉되지 않는 선거용 기념품 배부가 가능했던 것입니다. 이러한 내용은 당시에 화제가 돼 언론에도 소개됐습니다.

이런 아이디어는 보고 절차를 생략하고 자체 진행할 수 있었습니다. 간단한 일이지만 복잡한 보고 절차를 겪어야 했다면 그 과정에서 불필요한 수정을 반복했을 것 같습니다. 이처럼 NY는 자기 책임 아래 적극적이고 창의적인 아이디어로 일을 할 수 있

2014년 전남지사 선거를 앞두고
비서실에서 만든 온라인 배지

도록 허락했습니다. 그래서 저는 실컷 일할 수 있어서 좋았습니다. 오히려 제 부족한 아이디어를 한층 높은 수준으로 되살려주는 NY를 보며 뿌듯함까지 느꼈습니다.

　NY와 일하는 것은 쉽지 않습니다. 어렵습니다. 그러나 업무가, 업무를 맡은 당사자가 소모적이라는 생각이 들게 하지 않습니다. 그 일에 책임과 애정을 갖도록 하고 업무의 전문가로 만들어버립니다. 쉽게 얻어지는 좋은 일이 얼마나 될까요.

　그래서 저는 자신 있게 말합니다.

　"함께 일하기 참 좋았습니다."

"나, 다시는 선거운동 안 할 거야"

:: 2012년에 NY의 4선 국회의원 선거를 하러 전라도에 내려갔습니다. 선거구가 4개로 늘어나 사실상 4곳의 선거사무소를 운영해야 하는 번거로움 속에서도 각 사무실마다 지역 사람들이 팔을 걷어붙이고 자기 일처럼 열심이었습니다. 선거전 중에 발생하는 후보의 이합집산, 구도 변화, 바람의 발생 등 짧지만 긴 시간 속의 긴장 상황에 운동원들 모두가 달라붙어 함께 울고 웃었습니다.

승리한 선거 캠프에선 모두 볼 수 있는, 어찌 보면 당연한 일일 테지만, NY 캠프의 다른 점은 자기 헌신이 유독 강했다는 것입니다. NY 캠프는 항상 자금이 넉넉하지 못했습니다. 그렇다고 당선이 되고 나면 운동원들에게 이득이 되어 돌아가는 일도 없었습니다.

그래서 선거가 종반으로 치닫고 승리가 확실해질 때면, 하나

둘 얘기하곤 했습니다.

"나, 다시는 선거 안 한다."

생업을 마다하고 자기 돈을 써가며 고생하고도 돌아오는 것은 아무것도 없다는 푸념이었습니다. 저는 그런 얘기를 하는 분들을 보며 무척 안타까웠습니다. 저렇게 열정적인 사람들을 놓치면 어쩌나 하고 말입니다. 그런데 알고 보니 초선, 재선, 3선의 매 선거마다 했던 얘기고, 그러고도 선거가 시작되면 어김없이 누구보다 빨리 달려와 앞자리에 선다는 것이었습니다.

몇몇의 푸념 앞에서 다른 운동원 누군가는 또 이렇게 얘기하기도 했습니다.

"해태 타이거즈를 응원하는 게, 우승하고 나면 당신들에게 뭔가를 나눠주고 이득이 돼서인가. 응원은 대가를 바라고 하는 게 아니지 않은가."

그 앞에서 아무도 반박하지 못했습니다. 물론 공직선거법상 이는 당연한 일입니다. 그러나 자리라도 하나 바라고 손익계산을 따져보는 게 사람의 마음인 것도 같습니다. 그래서 보상을 바라고 선거를 도왔다 실망을 하고 해코지를 하는 일도 종종 발생하는 것이 현실입니다.

NY가 전라도에서 국회의원을 해왔기에 식은 죽 먹기 선거 아니었느냐고 혹자는 말합니다. 그러나 상황을 전혀 알지 못하는 얘기입니다. 매 선거마다 지역구 변동이나 당의 분리, 구도 변화로 쉬운 선거가 없었습니다.

선거운동원들의 헌신이 있었기에 가능했던 일입니다. 모든 걸 쏟아 붓고 승리와 함께 흩어졌다 때가 되면 다시 뭉치는 NY 지지자들의 비결, 대체 NY의 매력이 뭘까 싶었습니다.

첫째는 후보자 본인의 처절한 노력입니다. 치열한 일정 소화에 혀를 내두를 정도입니다. 선거 당시 수행을 했던 정병훈 씨의 얘기입니다.

"일정이 얼마나 힘들었는지, 한번은 NY가 차에 들어와 우는 모습을 봤습니다. 훨씬 젊은 나이의 저도 이렇게 힘든데 저보다 더 힘든 일정을 소화하려니 몸이 얼마나 아팠을까 싶습니다. 그런데도 내색 한 번 하지 못하고 뛰어다녀야 하니 눈물이 날 만도 합니다."

운동화가 닳고 닳을 정도로 뛰어다니는 후보자를 보며 과연 어느 선거운동원이 게으름을 피울 수 있을까요. 게다가 NY는 예선보다 본선에서 더 열심히 뜁니다. 무슨 말이냐 하면, 지역구의 특성상 본선은 크게 어렵지 않습니다. 전라도에서 민주당이 당선되는 건 가능성이 매우 큰 일이니 말입니다. 그래서 예선이 실제 본선이라는 말이 있을 정도로 당내 경선이 훨씬 어렵습니다. 치열한 경선을 치르고 민주당 후보로 결정되고 나면, 그때부터는 선거운동원들도 하나둘 긴장을 풀기 시작합니다. 따놓은 당상이

라는 겁니다. 그러나 NY는 본선이 시작되면 경선보다 더 열심히 일정을 잡습니다. 긴장이 풀어질 것을 경계하는 것입니다. 그 결과 2012년 총선에서 전국에서 최초로 당선이 확정되며 80퍼센트 득표율에 육박했고, 2014년 전남도지사 선거에서도 77.95퍼센트를 얻어 전국 최다 득표율을 기록했습니다.

둘째는 누구보다도 청렴하다는 것입니다. 선거 때는 이런저런 유혹이 많습니다. 그러나 말씀드렸듯 NY의 캠프는 넉넉하지 않았습니다. 그런 어려움 속에서도 NY는 부정한 유혹에 시선을 두지 않고 엄격했는데 오히려 그것은 운동원들에게 지부심으로 작용했습니다.

지역의 선거는 구전의 효과가 매우 중요합니다. 각 운동원들이 자신의 지지 후보에 대한 스스로의 믿음을 갖고 임할 때 그 효과는 더욱 커집니다. 이러한 점들이 NY의 지지자들이 NY 곁을 떠나지 못하는 이유라고 생각합니다.

이제 선거는 돈이 많이 드는 이벤트가 아니라, 자신의 돈을 내고서라도 지지하고 응원하며 즐기는 축제가 돼야 합니다. 이미 수도권을 중심으로 하는 지역구들은 그러한 문화가 자리 잡고 있습니다. 다만 지역 선거는 조직과 세력의 영향을 크게 받다 보니 비용이 소모되는 경우가 상대적으로 많습니다. 하지만 NY의 선거를 통해 지역도 충분히 달라질 가능성을 발견할 수 있었습니다.

의전은 싫어하지만
상대에 대한 격식은 높인다

:: NY는 자신에 대한 의전을 싫어합니다. 혼자서도 잘할 수 있는 것을 남이 거드는 일을 불필요하다고 생각하기 때문인 것 같습니다. 가장 쉬운 예가 차 문을 열어주는 것입니다. 의자를 뒤로 빼주거나 짐을 들어주는 일도 달가워하지 않습니다.

그런데 비서가 흔히 하는 일이 모시는 상사에게 문을 열어주거나 의자를 빼주는 것 같은 일입니다. 가방을 들어주기도 해서 '가방모찌'라는 별명으로 불리기도 합니다. 그러나 NY는 비서들이 그런 일을 하는 것을 싫어해서 자칫 그 앞에서 그런 일을 했다간 야단을 맞기도 합니다.

국회의원 시절 2년 가까이 비서로 근무했던 B씨는 이렇게 말합니다.

"수행을 나갔다가 차 문을 열어주는 바람에 엄청 혼났어요.

왜 쓸데없는 일을 하냐고."

NY는 비서들이 그런 일을 할 시간과 에너지를 다른 곳에 쓰기를 원합니다. 그럴 시간에 일을 하라는 것입니다. NY 스스로 할 수 있는 일을 돕는 것은 국민의 세금을 받는 비서의 '일'이 아니라는 것입니다.

의전이나 자신을 위한 격식을 따지지 않는 NY의 성품은 전남지사 시절에도 엿볼 수 있었다고 합니다. 당초 총무과에 팀장 1명과 직원 2명으로 구성된 의전팀을 두는데 직원 1명으로, 그것도 다른 업무를 병행하면서 의전 업무를 보도록 대폭 줄인 것입니다. 직제상으로는 의전팀이 아예 없어졌습니다.

그런가 하면 국장 등 도청 간부에게 '행사장에서 지사를 맞이하는 것보다 행사장에 오신 손님을 맞이하는 게 더 중요'하다고 늘 강조했다고 합니다. 통상 지사가 현장을 방문할 때는 관용차에 현장 방문 담당 실·국장이 탑승해서 같이 이동을 합니다. 예를 들어 도지사가 문화 관광 행사에 갈 때는 관광국장이, 농업 현장이면 농정국장이 관용차에 탑니다. 그러나 NY가 지사 시절에는 특별한 보고거리가 없는 한 실·국장이 차에 같이 탑승하지 말고 행사에 오신 손님들을 모시라고 해서, 그다음부터는 실·국장이 관용차에 타지 않고 현장에서 행사를 챙겼습니다. 그 결과 실·국장이 현장에 먼저 가서 도지사 대신 도민의 의견을 수렴하고 손님을 응대하게 됐습니다.

이런 적도 있습니다. 전남지사 시절 NY를 수행했던 송동하 씨는 다음과 같이 얘기합니다.

"도지사가 되어 첫 해외 순방을 일본 도쿄로 갔습니다. 투자유치 활동 차원이었습니다. 기자 간담회를 위해 도쿄 시내 한식당으로 이동을 하는데, 너무 일찍 도착을 해서 기자들이 모두 모일 때까지 시간을 맞추려고 일부러 차를 천천히 이동했습니다. 근처를 한 바퀴 더 돌았던 것이죠. 그랬더니 NY는 손님들을 기다리게 했다고 성화를 냈습니다. 지사가 주인이 아니라 손님이 더 중요하다는 것이었습니다. 알고 보니 도쿄 특파원을 지낸 까닭에 도쿄 중심부 지리를 이미 잘 알고 있어서 돌아가고 있다는 걸 알아차린 것입니다."

반면 NY는 상대방에 대해서는 격식을 높입니다. 가령 식사 자리에서의 테이블 배치가 그렇습니다. 의전상 자리를 배치하는 여러 방법이 있습니다. 총리 혼자 앉고 다른 사람들은 모두 맞은편에 앉는 것이 가장 극단적인 방법일 것 같습니다. 총리의 위상을 가장 높인 배치이겠지만 참석자의 격은 낮아질 것입니다. NY는 항상 둥그렇게 둘러앉습니다. 참석자 모두와 총리가 대등하게 위치하려는 마음입니다.

앞서 말씀드린 부처 보고를 들어오는 경우에도 실무자들이 보고자의 뒤에 앉는 형태의 배석이 아니라 테이블에 함께 둘러앉습

2017년 8월 31일 세종에서 오전 근무를 마치고 서울로 가기 위해 오송역 플랫폼에서 기차를 기다리고 있다.

니다. 의전실에 오래 근무했던 공무원들은 매우 특이한 일이라면서도 NY의 상대에 대한 배려심을 높이 평가합니다.

그런가 하면 경호에 있어서도 다른 총리들과 다릅니다. 경호는 피경호자의 안전 확보가 최우선이기에 행사장에서 동선과 공간을 마련하기 위해 참석자들에게 비켜달라고 양해를 구하는 경우가 있는데, NY 앞에서 이렇게 했다간 혼쭐이 납니다.

NY의 경호를 담당했던 C경호관은 이렇게 얘기합니다.

"주말 광화문광장에서 태극기 집회가 열리고 있고 대규모 행진이 이어지는 상황이었습니다. 총리께서 광화문 청사에서 삼청동 공관까지 도보로 이동하며 시민들과 인사를 나누고 일일

주말 낮 경호를 뒤로 물리고 광화문 앞을 걸어서 이동하는 모습

이 셀카도 찍어주는 모습을 보고 경호원의 입장에서는 너무나 위해 요소가 많아 걱정이 됐지만, 그 상황에서도 시민들만 보고 가는 모습이 매우 인상적이었습니다."

이처럼 도보로 이동을 하는 경우에도 보행자들에게 방해가 되지 않기 위해 경호를 최소화합니다.

또한 행사장에 갔을 때 NY만을 배려하기 위해 엘리베이티를 별도 배정해서 다른 참서자들에게 불편을 끼친다거나 하는 일을 매우 경계합니다.

이런 일이 있었습니다. 광화문 청사에서 NY의 집무실은 9층에 있는데, 국무회의에 참석하려면 건물 19층으로 이동을 해야 합니다. 보통은 시간에 맞춰 엘리베이터를 수동으로 도착시켜 놓습니다. 그런데 하루는 예정 시간보다 NY가 집무실에서 빨리 나

2018년 12월 8일 서울특별시립 다시서기종합지원센터를 방문한 모습

온 것입니다. 당황한 방호 직원은 NY를 배려하고자, 엘리베이터 이용객을 중간에서 내리라고 한 것입니다. 그러자 NY는 "내가 무슨 대단한 사람입니까?"라며 방호 직원을 꾸중했습니다.

2018년 12월에 한 노숙인 쉼터를 방문했을 때는, NY가 시설을 이용하는 노숙인들의 삶을 여과 없이 보고 싶다고 요구했습니다. 이에 따라 이용자들께서 편한 상태로 NY를 신경 쓰지 않도록 조치했습니다.

그렇다 보니 사진처럼, 이용자들께서 NY를 신경 쓰지 않고 바둑을 두는 모습을 볼 수 있습니다. NY는 잠시 곁에서 지켜보다 조용히 빠져나왔습니다.

그런가 하면 NY는 자신이 주최한 행사에 참석한 모든 이들의 이름을 미리 파악하고 기억해가서 현장에서 호명을 하며 감동을 주기도 합니다. 이에 대해 의전실 관계자는 이렇게 말합니다.

"행사 초기에 참석자의 이름을 부르는 것은 그럴 수 있다고 생각하는데, 중요한 것은 행사가 다 끝나고 돌아가려는데 참석자 한 분씩 이름을 부르는 것입니다. 다 잊어버렸겠지 했는데 자신의 이름을 마지막까지 기억하는 모습에서 큰 감동을 느낀다고들 하십니다."

NY의 상대방에 대한 존중과 배려를 읽을 수 있는 사례는, 총리실에서 소통총괄비서관으로 NY의 지근거리에서 수행했던 Y씨의 기억에도 이렇게 남아 있습니다.

"2017년 6월 4일 총리는 통인시장을 방문했습니다. 총리가 되고 나서, 동네 시장에 방문해 상인들께 인사도 드리고 소통하기 위해서였습니다. 오후 방문이라 점심을 든든히 먹고 간 곳이었는데, 통인시장의 '엽전두시락'이 유명하다 보니 상인들께서 총리에게 이것저것 음식을 챙겨드린 것입니다. 딱 봐도 배가 부를 것 같아 걱정을 했는데, 총리는 음식을 하나도 남기지 않고 모두 먹었습니다. 음식을 가져온 상인들의 성의를 생각한 것입니다."

2013년 10월 31일 국회의원 시절 국회 견학을 온 지역 초등학생들에게 설명하고 있다.

상대방에 대한 깊은 배려를 읽을 수 있습니다.

국회의원 시절 NY는 국회를 방문한 지역 주민들을 위해 직접 가이드를 맡기도 했습니다. 물론 지역 주민들이 국회 견학을 오면 대부분의 국회의원이 나가서 인사를 합니다. 그러나 NY처럼 처음부터 끝까지 자신이 직접 안내를 하며 곳곳에 대한 역사와 유래를 설명하는 경우는 많지 않습니다.

그리고 NY는 바쁠 때는 샌드위치 등으로 식사를 간단히 때우거나 건너뛰기도 해서 직원들이 식사를 챙겨야 하는 부담도 크지 않다고도 합니다. 이러한 특색 있는 NY의 모습에 의전실에 오래 근무했던 공무원들은 매우 인상적이었다고 입을 모읍니다.

전남지사 시절에도 한 사람이라도 더 도민을 만나 의견을 들

NY가 즐겨 먹던 김포공항
구내식당의 메밀국수.
1인분은 적고 2인분은 많아서
1.5인분을 시켰다고 한다.

어야 한다며 식사를 고속도로 휴게소를 이용해 우동을 먹거나 메밀국수처럼 10분이면 먹을 수 있는 것들로 때웠다고 합니다. 실제로 남해고속도로 보성휴게소, 호남고속도로, 광주무안고속도로 휴게소가 NY의 단골 식당이었다고 합니다.

전남도청 앞 남악시장에서 진도순대와 족발, 국밥을 즐겨 먹었고, 시장통 식당의 여사장님이 NY를 오빠라 부를 정도로 친근히 대했다고도 합니다.

당시 수행 비서였던 S씨는 당시의 일을 이렇게 기억합니다.

"처음에는 우동과 메밀국수를 너무 자주 먹어서 질리기도 했습니다. 그런데 시간이 지나자 국수를 안 먹으면 생각날 정도가 됐습니다. 지금도 그 맛이 생각나고 잊히지 않아 일부러 가족과 함께 식당에 찾아가서 먹기도 합니다. 그런데 왠지 그때 그 맛처럼 맛있지는 않습니다."

곧이곧대로

:: 최근에 영화 '정직한 후보'가 개봉했습니다. 국회의원이 거짓말을 못 하는 일이 생기면 어떻게 될까라는 설정의 영화입니다. 정치인이 거짓말을 밥 먹듯 하는 존재라는 이미지 때문에, 그 역설정이 재미있는 얘기가 될 정도인 것입니다.

정치인은 정말 뻔뻔하게 거짓말을 잘해야 할까요? 특기이자 능력으로 요구되는 사항을 갖추지 못한 정치인은 그럼 어떻게 될까요? 영화에서는 오히려 시도 때도 없이 솔직한 후보가 국민의 지지를 받게 됩니다.

NY는 거짓말을 싫어합니다. 상대방의 거짓말도 싫어하는 만큼 스스로도 거짓말하는 것을 싫어합니다. 크고 작은 거짓말은 누구나 하고 살아가는데, 그걸 전혀 안 하려고 하면 참 힘듭니다. 거짓말은 나쁜 일이지만, 일상에서 우리는 스스로도 인식하지 못한 채 수많은 거짓말을 하고 있는 것 같습니다. 오늘 하루 얼마나 많은 거짓말을 했는지 의식하며 찾아보시면 깜짝 놀라실 수도 있습니다. 선의의 거짓말이라는 것도 포함해 생각한다면, 거짓말이 모두 비난받을 나쁜 일인지는 또 다른 얘기인 것 같습니다.

거짓말과 관련된, 제가 기억하는 두 가지 일이 있습니다.

하나는 2014년의 일입니다. 그해 3월에 NY는 국회의원직 사퇴를 합니다. 전남도지사 선거를 앞두고 배수진을 쳐야 한다는 주변의 요청이 많았습니다. 의원직 사퇴를 한다고 해서 도지사 출마에 대한 뜨거운 진심과 열의가 느껴지는지 저는 잘 모르겠습니다. 그리고 의원직 사퇴서를 낸다고 해서 바로 사퇴가 되는 것도 아닙니다. 본회의를 열고 의결을 해야 합니다. 그래서 경우에 따라서는 사퇴서를 내놓고 본회의 의결 전에 슬그머니 철회하기도 합니다. 그런 형식적인 사퇴는 앞으로는 없어졌으면 하고, 유권자들도 시스템을 이해하고 거짓된 쇼에 속지 않아야 합니다.

어쨌든 3월에 사퇴서를 낸 NY가 달랐던 것은 정말 그때부터 의원직에서 내려온 것처럼 행동했습니다. 사퇴서를 내기 전날 밤엔 저를 포함한 보좌진들에게 전화를 걸어 염려와 함께 미안하다는 인사까지 했습니다. 저희들도 그날부터 덩달아 실업자가 되는 줄 알았나 봅니다.

NY는 남들이 뭐라 하건, 상황이 어떻건 자기가 던진 '사퇴'라는 말에 책임을 지려고 노력했습니다. 여러 가지가 있었지만 그 가운데 가장 기억에 남는 일은 이렇습니다. 지금은 김영란법이 있어서 다 없어진 것으로 알지만, 그 당시에는 국회의원들은 공

항 의전실을 사용할 수 있었습니다. 비행기를 타기 전 대기할 공간이 있었고, 비행기를 타러 가는 동안 공항 직원이 안내를 해주는 정도의 서비스입니다.

그런데 NY는 사퇴를 얘기한 그날부터 바로 그 의전실을 사용하지 않는 것이었습니다. 저는 NY에게 얘기했습니다. 아직 국회의원 신분이 사라진 것은 아니니 써도 괜찮다고. NY는 호통을 쳤습니다. 의원을 그만두겠다고 한 사람이 의전실을 쓰는 것이 정직한 일이 아니라는 것입니다.

그래서 NY는 사진에서 보시는 것처럼 대합실에 앉아 비행기를 기다렸습니다. 뒤에서 바라보고 있던 저는 그 고지식함에 웃음이 났습니다. 별것 아닌 일일 수 있겠지만 스스로 정직하려고 노력하는 모습이 제 눈에 들어온 것입니다.

　NY는 인터뷰 요청이 오면 질문에 아주 성실히 답합니다. 마치 학생이 시험지를 풀 듯 정답을 말하려고 고심합니다. 보좌하는 사람의 입장에서는 이왕이면 보좌하는 분의 모습이 좀 더 좋게 비쳐지길 원하는 욕심이 있습니다. 그렇다 보니 좋은 점만 부각하고 곤란한 질문은 피해 가고자 하는 유혹을 받습니다. 그러나 답안지를 준비하는 과정에서 실제 사실보다 살짝 부풀려지거나 혹시라도 사실이 아닌 내용이 들어가게 되면 NY는 호통을 칩니다. 언론에 어떻게 거짓을 얘기할 수 있느냐는 것입니다.

　또 질문자가 궁금해하고 원하는 답변이 무엇인지 정확히 파악해야 합니다. 엉뚱한 답변을 하거나 말을 돌리려고 해서는 야단을 맞습니다. 실제 NY는 언론 인터뷰에 응할 때 어떤 곤란한 질문이라도 피해 가는 법이 드뭅니다. 최대한 답변을 하고자 노력합니다. 지켜보는 참모들의 입장에서는 굳이 저렇게까지 솔직하지 않아도 됐을 텐데 하는 아쉬움까지 남을 지경입니다.

　축사를 쓰던 어느 닐은 이런 일이 있었습니다. 지역의 한 조그마한 언론사의 창간 기념사였는데, 작성자가 상대 언론사를 치켜세우느라고 '지역 최고의 언론사'라고 표현했습니다. 흔히 볼 수 있는, 듣기 좋은 입바른 소리를 한 것입니다. 이를 두고 NY는 "거짓"이라고 지적했습니다. 사실이 아닌 과장으로 상대를 축하한다고 그것이 과연 상대에게 기쁜 일이 되냐고 물었습니다. 상대가 가진 고유의 장점을 찾아내 칭찬하려는 노력이 게으르니 허위의 과장된 표현이라는 쉬운 방법으로 상대를 축하하려 든다는 것이 었습니다. 뼈저린 지적이었습니다.

2017년 국무총리 인사 청문회를 준비할 때는 야당의 공격에 대한 예상 답변을 준비하는 과정에서 30년이나 된 오래된 사실에 대해 기억이 나지 않거나 모른다고 답변하시라고 제안했다가 혼쭐이 났습니다.

NY는 국민들이 보는 앞에서 거짓을 말할 수 없었던 것입니다.

이재민과 유가족을 대하는 NY의 자세

:: 집에 불이 났습니다. 홀라당 다 타서 하루아침에 모든 걸 잃는다면, 심지어 그 안에 사랑하는 가족들도 있다면… 남겨진 그 사람에게 세상은 지옥보다 더한 곳일 것입니다. 세상 모두가 이유 없이 다 밉고 욕하고 싶을 것 같습니다. 그에게 당장 필요한 일은 앞으로 어떻게 살아갈 수 있는지에 대한 세밀하고 촘촘한 계획과 구체적인 지원 방안이라거나, 누가 이 사태를 책임질 것이며 원인은 무엇이냐에 대한 면밀한 조사라기보다는, 일단 한 번의 따뜻한 포옹이자 기대어 울 수 있는 어깨일 수도 있습니다.

정치와 행정이 그 역할을 해주리라 기대하는 일이 쉽지는 않습니다. 특히 행정에 감정을 담기는 더욱 어려운 일 같습니다. 누구보다 더 냉정해져서 대책을 마련해야 하는 집단이기에 그럴 것입니다.

그러나 국민들의 기대는 현실과는 좀 다른 것 같습니다. 무슨 일이 생기면 대통령이나 총리를 찾습니다.

2019년 10월 31일 밤 독도에서 손가락이 절단된 응급 환자를 이송하던 헬기가 인근 해상으로 추락했습니다. 정부는 서둘러 긴급 지시를 내고 대책 마련에 분주했지만, 유족들은 사고 발생 나흘이 지나도록 정부가 자신들을 외면하고 있다며 불만을 가졌습니다. 대형 사고라 정부의 모든 관심이 쏠려 있는데, 외면이라니 대단한 오해입니다. 그러나 나흘이 지나도록 정부 관계자가 아무도 찾아오지 않으니 그런 오해를 하실 수 있습니다.

NY는 사고 다음날 현장을 바로 방문하고자 했습니다. 그러나 독도와 관련이 있다 보니 일본과의 외교 문제가 걸린다는 부정적인 검토가 올라온 모양입니다. 게다가 고위 인사의 현장 방문에는 대책과 그에 따른 메시지가 준비돼야 하니 검토할 것이 많은 것도 사실입니다.

어쨌든 일단 행정안전부장관이 현장을 방문하기로 했으니 총리는 영결식 때 방문을 하자는 의견도 있었습니다. 이렇게 실무에서 검토가 진행되는 사이 유족의 불만이 기사화됐고, 이것을 알게 된 NY는 곧장 일정을 잡았습니다.

미리 다녀온 행정안전부장관은 현장의 거센 항의를 받았습니다. 하지만 NY가 도착하자 현장은 울음바다로 변해 1시간 동안 간담회를 열었습니다.

NY가 다녀온 뒤 현장의 분위기를 전해 들었습니다. 실종자 가족들은 NY의 방문이 늦은 감은 있지만, 가족들을 진심으로 위로

하고 "정부는 끝까지 최선을 다해서 찾겠습니다"라는 얘기에 고마워하셨다고 합니다. 특히 현장에 있던 119 심리상담지원반 상담사는 "간담회 때 NY의 말투, 억양, 현장 분위기에 맞는 행동 등이 가족들에게 신뢰감을 줬다" "NY 방문 이후 가족들의 심리 상태가 매우 안정됐다"고 말했습니다.

이처럼 거세게 항의하시던 분들도 NY를 만나고 나면 안정을 찾습니다. 상담사의 지적처럼 특유의 굵고 낮은 목소리와 정제된 언어들이 한몫한다고 생각합니다.

그런데 NY가 피해 현장에 임하는 특징은 이것이 전부가 아닙니다. NY는 현장을 꼭 반복해 방문합니다. 현장을 떠나며 '다시 오겠다'고 약속을 하면 꼭 약속을 지킵니다. 독도 헬기 유족들의 현장에도 정확히 일주일 만에 다시 방문합니다. 그리고 조문까지 모두 세 번을 찾습니다.

총리실에서 NY의 연설을 담당했던 박상주 국장은 NY만의 독특한 업무 방식이라며 이렇게 얘기합니다.

"사고가 발생하면 현장을 찾아 지시하고, 재차 방문해 잘됐는지 확인하고, 마지막에 마무리까지 합니다. 이런 모습은 다른 정치인에게서 찾아보기 힘든 모습입니다. NY는 생색내기식 일회성 방문을 하지 않는 것입니다."

총리 시절 현장을 찾은 모습(왼쪽)과 국회의원 시절 현장을 찾은 모습

그런가 하면 2019년 4월 강원 산불 피해 현장을 방문한 NY에게 와락 안기며 흐느끼는 피해 주민에게 NY는 꼭 안고 토닥이며 말합니다.

"힘껏 도와드릴게요. 아이들도 있을 텐데, 어머니가 이렇게 약하면 안 되지. 엄마가 약하면 안 돼요."

다음 일정 때문에 자리를 떠야 했던 NY는 흐느끼는 이재민이 못내 마음에 걸렸던지 다시 덧붙입니다.

"또 올게요."

이미 두 번째 방문했던 현장이었습니다. 이에 앞서 며칠 전 찾았던 피해 현장에서는 또 이렇게 얘기하기도 했습니다.

"(방법은 우리가 찾겠습니다.) 어르신들이 하셔야 할 일은 마음 상하지 마시고, 아프지 마시는 일입니다." "마음을 굳건히 잡숴야 합니다. 더 큰 일도 다 겪고 사셨잖아요?"

NY는 바닥에 주저앉아 사람들을 둘러보며 얘기합니다. 심지어 NY보다 더 높은 위치에 앉아 NY를 내려다보며 얘기하는 분도 계실 정도입니다. 그리고 불쑥 사투리가 튀어나옵니다. 구수한 마음을 전달하는 수단입니다.

총리실에 근무하는 어떤 이는 이렇게 묻습니다.

"이런 모습을 기존의 정치인들에게선 전혀 보지 못했어요. 다른 정치인들도 피해 현장에는 여러 번 갔을 텐데, 이분이 하는 발언은 기존의 것과 매우 다릅니다. 원래 그런 분이었나요? 아니면 이것이 잘 계산된 일인가요? 그렇다면 정무적 감각이 매우 탁월한 분 같고요."

국회의원 시절 오랫동안 NY를 지역에서 보좌했던 이는 이렇게 얘기합니다.

"전혀 낯선 모습이 아닙니다. NY가 국회의원 4선 하는 동안 매주 주말마다 지역에 내려와 하고 다녔던 모습이니까요. 지역 어느 곳에 화재가 나거나 태풍 피해가 나면 찾아가서 했던 모습 그대로 총리가 되고 나서도 똑같이 하는 겁니다."

말씀드렸듯이 매주 주말이면 지역 곳곳을 돌아다니며 사람들을 만나 들은 얘기, 나눈 대화들이 차곡차곡 쌓이고 쌓여 지금의

NY를 만든 것입니다. 그 안에는 평범한 우리 이웃의 한숨과 웃음이 모두 녹아 있습니다. 그것이 바로 NY의 자세입니다.

발로 뛰는 취재기자,
고독사 문제를 우리 사회의 화두로 던지다

:: NY는 항상 저희 보좌진들에게 '현장'의 중요성을 강조했습니다. 현장에 직접 나가 취재해보길 원했고, 책상 앞에 앉아서는 진정한 여론을 듣지 못한다고 얘기했습니다. 그것을 몸소 실천했기에, 저희보다 늘 정책의 실질적인 문제점을 깊이 알고 있었습니다.

그 일환으로 매번 국정감사 때 '르포집'을 발간했습니다. 2003년 국회 산업자원위원회 위원 시절 〈원자력 정책의 성공을 위한 문제제기〉라는 르포집을 낸 것을 시작으로, 2004년 국토교통위원회 때에는 NY 본인과 보좌진들이 직접 겪은 고속철도의 문제점을 다룬 〈고속철도 개선을 위한 현장보고-KTX를 타보니〉를 펴냈습니다. 이어 2005년에는 〈수도권 임대주택 실태보고〉와 〈이용자의 눈으로 본 인천국제공항〉을 냈습니다.

특히 2006년에 만든 〈노숙인의 겨울나기 현장보고서 '서울역

사람들'〉은 담당 보좌관이 실제 서울역에 나가 노숙을 하며 써냈
는데, 노숙을 마치고 국회로 돌아온 보좌관이 노숙인 행색을 하
고 있어서 당시 국회에서 유명했던 일화를 남기기도 했습니다.

저도 그 영향으로 2011년에 질병관리본부가 서울에서 오송으
로 이사 가면서 에어컨을 처분하지 않고 그대로 가져가 지하 창
고에 방치했다는 제보를 받고, 현장을 찾아가 건물 지하를 다 뒤
져 170대의 에어컨을 찾아낸 적이 있습니다.

총리실에 근무할 때는, 2018년 여름에 폭염이 오자 정부가 한
낮의 공사 현장에 공사 중지를 지시했는데, 잘 시행되고 있는지
확인하려고 서울 시내 공사 현장 10여 곳을 돌아본 적이 있습니
다. 이때 정부의 시책에 따라 공사 중지는 잘 이뤄지고 있지만,
오히려 이로 인해 일용직 근무자들의 급여가 줄어드는 등 예상치
못한 문제가 발생한 것을 발견해 보고하기도 했습니다. 현장에
답이 있다는 NY의 가르침이 톡톡히 효과를 보는 것입니다.

르포집 〈서울역 사람들〉 〈택시운전사〉 〈개발의 그늘〉

한편 2010년 국회 보건복지위원회로 상임위를 옮긴 NY는 노인 고독사 문제를 다루고 싶어 했습니다. 당시까지만 해도 고독사라는 용어는 우리 사회에 생경했습니다. 제대로 된 조사나 연구도 부족했습니다.

NY는 '쓸쓸한 죽음'이야말로 가장 절박한 소외라고 생각했던 것 같습니다. 특히 노인 고독사는 생의 마지막을 외로이 맞이하는 까닭에 발견될 때까지 방치되며 인간 존엄을 크게 훼손합니다. NY는 먼저 저를 비롯한 보좌진들에게 관련 세미나 준비를 시켰고, 그에 앞서 독거노인의 실태 파악을 위해 현장에 나가보라고 지시했습니다.

당시만 해도 이런 식의 업무가 익숙하지 않았던 저희는 당황스러웠습니다. 어디에 가서 누굴 만나야 할지도 몰랐습니다. 부랴부랴 충청도 시골 마을 몇 곳에 연락을 해 홀로 사시는 노인 몇

이 의원, 이 법안 /민주당 이낙연 의원 '국민기초생활보장법 개정안'

자녀 있다고 기초수급 못받는 홀몸노인 구제

국회 보건복지위원회 소속 민주당 이낙연 의원(전남 함평·영광·장성·사진)은 소득이 없는 빈곤층 노인이 자녀 등 자신을 부양해줄 의무자가 있다는 이유만으로 국민기초생활수급자 선정에서 탈락하는 문제점 등을 개선하기 위해 국민기초생활보장법 개정안을 최근 발의했다고 17일 밝혔다.

현행법에 따라 기초생활수급자로 선정되려면 소득이 최저생계비 이하이면서 동시에 자신을 부양해 줄 의무자가 없거나, 있더라도 부양 능력이 없어야 한다. 때문에 자녀와 떨어진 채 외진 시골에서 아무 지원 없이 궁핍하게 사는 노인이 기초생활수급 대상에서 제외되는 등 '사각지대'가 발생한다.

또한 현행법은 실제 소득은 최저생계비에 턱없이 못 미치는데도 등재된 재산 현황이 일정한 기준에 맞지 않으면 수급대상에서 제외시킨다. 소득이 없는 모녀가 10년 된 봉고차 한 대 때문에 기초생활수급 대상에서 탈락하는 일이 발생하는 게 그 때문이다. 정부 통계에 따르면 비수급 빈곤층은 2006년 329만 명에서 2007년 368만 명, 2008년 401만 명으로 증가추세에 있다.

이 의원의 개정안은 기초생활수급자 선정 조건에서 부양의무자 기준을 삭제하고 소득 기준으로만 선정하도록 했다. 단, 수급권자가 실제로 부양을 받을 경우엔 신청할 수 없도록 예외 규정을 뒀다.

이 의원은 "소득도, 일할 능력도 없고, 자녀의 도움도 받지 못하는데도 자녀의 소득이 법에서 정한 기준 이상이라 기초생활수급자가 될 수 없는 빈곤층이 늘어나고 있다"며 "국민기초생활보장제도가 현실적인 '사회안전망'으로서 제대로 작동하도록 해야 한다"고 말했다.

조수진 기자 jin0619@donga.com

동아일보 2010년 11월 18일자 기사 '자녀 있다고 기초수급 못 받는 홀몸노인 구제'

분을 찾아뵙기로 했습니다. 한참 걸려 찾아간 곳엔 자식들과 연락이 단절된 뒤 아무런 도움을 받지 못하고 혼자 사시는 분들이 계셨습니다. 자식이 있어 법적으로 부양을 받는 상태인 것으로 돼 있지만 실제는 연락이 끊겨 아무런 도움을 받지 못하는데도, 정부의 지원을 받지 못하는 안타까운 현실이 있었습니다.

향후 NY는 기초생활수급자에 부과되는 '부양의무자 기준'을 삭제하는 법안(2012년 6월 7일)을 발의하기도 했습니다.

어쨌든 고생해서 다녀온 보람도 없이, 저희가 조사한 내용은 NY를 만족시키기엔 부족했나 봅니다. NY는 곧장 일본행 비행기를 끊었습니다. 갑자기 어딜 가는 건가 싶었습니다. NY는 도쿄에 홀로 가서 2002년부터 고독사 대처에 나선 '도키와다이라'(지바

현 마쓰도시의 단지로 고독사가 자주 발생해 일본 사회에 큰 충격을 준 곳)의 경험 등에 관한 자료를 수집하고, '고독사 제로작전'의 지도 자 나카자와 다쿠미 씨와 전화 인터뷰를 하는 등 직접 고독사 관 련 전문가들을 만나 취재하고 돌아왔습니다. 국내에 충분한 연구 와 참고 자료가 없다 보니 국회의원이 직접 취재를 하러 간 것이 었습니다.

취재를 다녀온 NY는 즉시 국회 세미나(2010년 9월 10일)를 열 어 취재했던 내용 등을 담아 발표하고 국내 전문가들과 방안을 상의했습니다. NY는 이때 수집한 자료와 사례, 인터뷰 등을 토대 로 "일본 추계로 독거노인 6.7퍼센트가 고독사하고 있다"면서 국 내에도 대책 마련을 촉구하기도 했습니다.

그의 진심은 그걸로 끝나지 않았습니다. 그해 국정감사에서 도 집중적으로 고독사 문제를 다뤘고, 결국 보건복지부는 이듬해 '독거노인종합지원센터'를 개소하게 됩니다.

하지만 그것으로 복지 사각지대에 놓인 고독사 문제를 풀기엔 한계가 많습니다. 또한 고독사는 노인들만의 문제가 아니라 고독 하게 살아가는 현대인의 문제이자 점차 확대되는 젊은 층의 자살 과도 연관이 큽니다. 국내에 제대로 된 통계 하나 없는 상태에서 제대로 된 대책이 나오기가 어렵습니다.

마침 4년이나 지난 시점에 KBS가 이 문제에 관심을 갖고 다 큐멘터리를 제작하게 됐습니다. 그런데 마찬가지로 자료 수집이 무척 어려웠습니다. 반복해 말씀드리지만 국내에 아무런 통계가

<표 3-6> 서울시 고독사 확실사례의 연령 현황(건,%)

연령	사례수(건)	비율(%)
20대	5	3.09
30~34	8	4.94
35~39	8	4.94
40~44	11	6.79
45~49	23	14.20
50~54	26	16.05
55~59	32	19.75
60~64	20	12.35
65~69	12	7.41
70~74	8	4.94
75~79	4	2.47
80대	2	1.23
90대	1	0.62
불상	2	1.23
합계	162	100

▲ 서울시 고독사 연령별 현황.출처=KBS 파노라마팀.서울시복지재단

서울시복지재단이 낸 '서울시 고독사 연구'에 나오는 통계표. 출처를 KBS 파노라마팀의 통계라고 밝히고 있다.

없었기 때문입니다. 게다가 고독사로 볼 수 있는 대상이 단순하지 않았습니다. 변사자나 무연고 사망자처럼 개념과 담당 소관이 다른 문제도 있었습니다. 변사자는 경찰청에서, 무연고 사망자는 보건복지부와 지방자치단체에서 각각 관리하고 관리 양식도 달라 일일이 대조해보는 수밖에 없었는데, 개인 정보가 담긴 자료라 열람도 어려운 상황이었습니다.

당시에 저는 경찰청을 여러 차례 설득한 끝에 변사자에 대한 자료를 열람할 수 있었습니다. 전국 지방자치단체의 무연고 사망자 자료 또한 받아서 일일이 대조했습니다. 경찰청의 도움이 없었다면 불가능했던 작업입니다. 이 자리를 빌려 감사의 뜻을 전

합니다.

2014년에 KBS 파노라마팀(김명숙 피디)은 '한국인의 고독사'를 제작하게 됩니다. 아직도 국내 언론이 고독사 통계로 그때 조사한 KBS 파노라마팀의 자료를 사용하기도 합니다. 각 지방자치단체 복지재단의 연구도 이 통계 자료를 참고하고 있습니다. 경기복지재단이 내는 〈G-Welfare Brief〉(2017.8.29. vol. 9)는 "고독사에 대한 통계는 2014년 KBS 파노라마팀의 '한국인의 고독사'가 유일하다"고 얘기하며 한국의 고독사 현황을 다뤘고, 서울시복지재단도 고독사 연구에 이 자료를 썼습니다.

국내에 없던 통계를 NY 덕분에 만들어낸 것입니다. 그런가 하면 전남지사가 된 NY는 2016년에는 전남도에 '고독사 지킴이단'을 만들기도 합니다. 그 진정성을 의심하기 어렵습니다.

가짜뉴스? 허위 조작 정보!

:: 가짜뉴스로 전 세계가 몸살을 앓고 있습니다. 한국언론진흥재단 연구위원이었던 황치성 박사는 '뉴스'라고 부르는 것도 온당치 않다며 '허위 조작 정보'라고 불러야 한다고도 합니다. 여기 NY와 관련된 '허위 조작 정보'에 대한 얘기가 있습니다.

NY는 2019년 9월 〈당신이 진짜로 믿었던 가짜뉴스〉라는 제목의 책 100여 권을 자비로 구매해 문화체육관광부와 방송통신위원회의 실·국장에게 나눠줍니다. 이 사실이 알려져 화제가 되기도 했습니다.

이에 앞서 2018년 10월 2일에 열린 국무회의에서는 "가짜뉴스는 개인의 인격을 침해하고 사회의 불신과 혼란을 야기하는 공동체 파괴범"이라고 강도 높게 비판하기도 했습니다. 또 "가짜뉴스는 개인의 의사와 사회 여론의 형성을 왜곡하고, 나와 다른 계층이나 집단에 대한 증오를 야기해 사회 통합을 흔들고 국론을

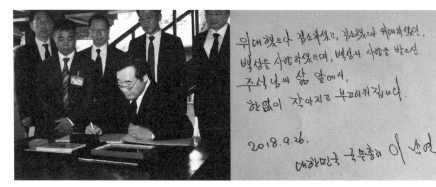

분열시키는 민주주의 교란범"이라고도 했습니다.

NY는 2018년 9월 26일(현지 시간) 쩐다이꽝 국가 주석 장례식
에 참석하러 베트남을 방문한 당시 호찌민 전 국가 주석 거소를
찾아 방명록을 남겼습니다. 방명록에는 '위대했으나 검소하셨고,
검소했으나 위대하셨던, 백성을 사랑하셨으며, 백성의 사랑을 받
으신 주석님의 삶 앞에서, 한없이 작아지고 부끄러워집니다'라고
썼습니다.

그런데 이를 두고 가짜뉴스가 만들어졌습니다. '주석'이라는
표현이 그 근거가 된 것입니다. SNS에 NY가 고 김일성 전 북한
주석 혹은 김정은 북한 국무위원장과 관련해 해당 방명록을 썼다
는 것입니다. 작성자들은 총리의 방명록 사진만 캡처한 채 '베트
남'에 대한 이야기는 쏙 빼놓고 허위 사실을 생산했습니다.

한 트위터 이용자는 NY의 방명록 사진을 올린 후 "이낙연 총
리가 김정은에게 쓴 글이 맞다면, 공산당 간첩이다. 국민을 섬기

는 총리가 위대한 주석님이라고. 이건 헌법을 위반한 자"라고 써 났습니다.('이낙연 방명록 '주석님' 근거 삼아 '가짜뉴스' 유포… "김정 은에 쓴 글" 황당' 동아닷컴 2018.9.28.) 어처구니없는 사실 왜곡입니 다. 당사자는 매우 억울하고 화가 날 일인 것 같습니다.

그런가 하면 2019년 12월 6일에는 NY가 자신의 공관으로 중 견기업인들을 초청해 가진 저녁식사 자리에서 강호갑 중견기업 연합회 회장에게 큰절을 하고 있는 사진이 SNS에 올라오며 한 네티즌의 비판이 나왔습니다. "정부의 대표자가 기업인 따위 앞 에 무릎을 꿇느냐"라는 것이었습니다.

이 사실이 알려지자 NY는 직접 이에 대해 해명하고 나섰습 니다. "강회장이 늦게 도착해서 테이블 건너편으로 들어오면서 큰절로 사과를 하기에 저도 큰절로 답례를 했습니다"라는 것입 니다.

테이블에 가려 사진 한쪽에 드러나지 않은 상대의 모습을 보 지 못하고 NY의 큰절만을 문제 삼은 것입니다. 가짜뉴스라고까 지는 할 수 없지만, 현상에 대한 실체적 접근을 하지 못하고 드러 난 일부만을 갖고 폄훼하는 일은 우리 주변에서 많이 일어납니 다. 역시 당사자는 매우 억울한 일일 것입니다.

예전에 이런 일이 있었습니다. 2012년 19대 총선 당시의 일입 니다. 지역 주간지에 한 칼럼이 게재됐습니다. NY 선거 캠프 측 의 불법 선거가 극심한 지경에 이르렀다는 것입니다. 내용인즉

군청 공무원들을 휴일에 등산을 간다고 동원해 버스를 태우고 산으로 올라가서 산속 깊은 곳에 다다르자 NY를 지지하자는 지시를 했다는 것입니다.

저는 이 칼럼을 보고 깜짝 놀랐습니다. 내용이 매우 구체적이고 분량 또한 상당해서 제가 봐도 혹시나 우리 캠프에서 저도 모르는 사이 이런 불법적인 일을 저질렀나 싶었습니다. 저는 곧바로 이곳저곳에 확인했습니다. 칼럼에서 적시한 군청의 해당 과에도 문의했습니다. 칼럼이 적시한 해당 날짜에 등산을 한 적도 없다는 것이었습니다. 사실관계를 꼼꼼히 따져보니 단 1퍼센트도 개연성이 없는 완전한 허구였습니다.

인터넷 게시판도 아니고 지역 언론에서 대체 어떻게 이런 이의 글을 칼럼이라며 실었는지 도무지 이해가 가지 않았습니다. 나중에 알게 된 사실이지만, 지역사회의 문제로 불거지자 해당 칼럼을 쓰신 분은 법적 처벌까지 받았다고 합니다. 세월이 흘러 그분께서는 지난 일을 반성하며 의원실을 찾아 사과하기도 했습니다.

신뢰는 진정성에서 나온다

:: NY의 장점을 뽑자면 안정성, 중후함이나 사이다 발언을 얘기하실 분들이 많으실 것 같습니다. 그러나 저는 진정성을 꼽습니다.

정치인들이 영화나 드라마에 나오는 것처럼 앞뒤가 다르거나 특히 카메라 앞에서만 폼을 잡는 모습은 사실과 많이 다릅니다. 물론 꼭 정치인이 아니더라도 사람의 모습은 앞뒤에 차이가 있는 것은 사실이고 저마다 그 정도가 다를 뿐이라 생각합니다.

그럼에도 NY를 가까이에서 지켜본 사람들이 좋아하는 NY의 장점은 진정성인 것 같습니다. 한 번 뱉은 말에 대해서는 어떻게든 책임을 지고 지키려는 모습이 있습니다. 앞서 얘기했듯 자신이 주최한 행사에서 무슨 일이 있어도 끝까지 자리를 지키고 떠나지 않는 것도 사소한 일이나마 진정성을 엿볼 수 있는 사례라고 생각합니다.

NY는 총리가 되고 나서는 주 4일은 세종시에서 근무하겠다고 밝히기도 했습니다. 대단한 각오였을 것이라고 생각합니다. 그러나 현실은 녹록지 않습니다. 청와대와 국회가 서울에 있고, 대부분의 주요 행사가 서울에서 열립니다. 그래도 NY는 틈만 나면 세종으로 내려가고자 노력했습니다. 회의도 영상으로 개최해 서울과 세종을 잇는 노력을 했습니다. 2019년 7월 12일자 중앙일보 보도에 따르면, NY는 취임 이후 대통령 해외 순방 기간과 국무총리 국회 출석일을 뺀 363일 가운데 131일(36.1퍼센트)을 세종에서 근무한 것으로 나타났습니다. 당초 계획인 일주일에 4일(57.1퍼센트)보다는 적은 것은 맞습니다.

그러나 총리실에서 지켜본 NY는 틈만 나면 세종으로 가고자 했습니다. 서울 등 외부의 일정이 너무 많아 도저히 평일에 세종에 내려갈 수 없을 때는 주말을 낀 저녁이라도 세종으로 가서 머물다 오려고 부단히 노력했습니다. 이처럼 NY의 세종 근무 노력은 비록 현실적으로 어려움은 컸지만 보여주기식은 아니었다고 생각합니다. 어쨌든 NY는 취임 초기에 세운 계획은 달성하지 못한 셈입니다. 아마도 이것이 마음에 많이 남아 있을 것이라 짐작합니다. 어쩌면 퇴임을 앞두고 미래에 대한 포부와 희망을 얘기하는 자리를 세종으로 삼았던 것은 그 미안함에 대한 작은 표현이지 않았을까 싶습니다. 2019년 12월 20일 세종 공관에서 열린 기자 간담회에서 NY는 시대정신으로 성장과 포용 그리고 실용적 진보주의를 제시했습니다.

최장수 총리 기록을 갱신한 2019년 10월 28일 수소차에서 내리고 있는 NY

수소경제 활성화 차원에서 NY는 총리 재직 시절인 2019년 1월부터 48개월 동안 관용차 1대를 수소차로 임차했습니다. 커다란 의전용 리무진을 마다하고 NY는 수소차를 이용해 국내 이곳저곳을 다녔습니다. 특정한 날에만 잠깐 이용하는 것이 아니라 전용차로 늘 타고 다니며 모범을 보이고자 애썼습니다.

무엇을 하든 시작하기 전엔 상대에 대해 탐구하고 공부부터 하고 보는 것도 NY의 특성이라고 생각합니다. 가령 국회의원 시절 상임위를 옮기게 되면 관련 서적을 읽고 현황과 현안을 배우는 데 시간을 할애합니다. 지역구가 늘어나 새로 편입된 곳에 대해 공부할 때도 마찬가지였습니다. 책과 자료뿐 아니라 사람들을 만나 다양한 의견을 듣고 토론하고 질문하는 데 상당한 시간을 쏟습니다. 오랜 시간 지역에서 함께 활동해온 이경호 씨는 NY의 옆에서 이런 모습을 늘 지켜봤습니다.

"현장을 둘러보다 사람들을 만나면 그 자리에 멈춰 서거나 자리에 둘러앉아 한참을 얘기합니다. 궁금한 사항을 묻고 빠른 시간 안에 이해하는 편입니다. 심지어 그 자리에서 대안을 찾아낼 때도 있습니다. 누군가 건넨 자료는 놓고 오는 법이 없고 반드시 챙겨 가서 또 공부합니다."

그런가 하면 최근엔 NY가 대중교통을 이용하기 시작했습니다. 어느 날 누군가와 대화하던 NY가 '무직으로 있던 시기가 없었는데 총리를 그만두자 처음으로 그런 시간이 생겼다'는 얘기를 했습니다. 그러자 상대방은 "지하철을 타본 적이 없겠네요?"라고 물었습니다. 어떻게 한 번도 없었겠습니까. 하지만 아마도 NY는 상대의 말이 마음에 걸렸던가 싶습니다. 그날 밤에 수행 비서에게 다음날 지하철을 타고 시장에 가겠다고 얘기한 것입니다. 언론에 알리지 않길 원했던 NY의 생각과 달리 수행을 잘못한 저의 탓에 외부에도 알려졌습니다. 그 과정에서 일부 염려도 있었습니다. 그러나 NY를 잘 아는 남평오 씨는 이렇게 얘기합니다. 걱정할 필요 없다는 것입니다. NY는 한번 마음을 먹은 이상 앞으로 틈날 때마다 대중교통을 이용할 것이라는 얘기였습니다. 시간이 지나면 그 진정성은 아무리 감추려 해도 자연스레 드러날 것이고, 그렇게 되면 그것은 보여주기 위한 일이 아닐 것이라고 말입니다.

애초에 지하철을 타겠다는 계획 자체가 의도를 갖고 기획된 것이 아니라 NY 스스로의 마음이 움직여 시작된 일이니, 그 마음은 머지않아 주변에서도 알게 될 것이라는 생각이 들었습니다. 그런 생각이 들자 NY의 진정성과 끈기는 저도 잘 아는 일이기에 한결 마음이 놓였습니다. 시간이 흐르면 농촌 이곳저곳을 돌며 정치하던 NY가 이제는 도시의 대중들에게 한 걸음 더 가까이 다가가 소통하는 모습을 볼 수 있을 것입니다.

NY가 트위터 등 SNS를 접하는 과정이 그랬고 스마트폰을 쓰기 시작하던 때가 그랬습니다. 그리고 지금은 저보다 훨씬 더 잘 그것들을 이용합니다.

그것이 제가 아는 NY의 가장 큰 장점이자 신뢰의 이유입니다.

NY의 꾸중을 피하는 방법

:: 미국의 '버락 오바마' 대통령이 당선될 무렵, 오바마 신드롬이 우리나라에도 불었습니다. 그 추세를 타고 당시에 저희는 NY의 별명을 '버럭 이낙연'으로 짓기도 했습니다.

　NY 특유의 굵은 음성은 조금만 톤을 높여도 매우 우렁차게 울려 퍼집니다. 지금은 국회 의원회관이 리모델링을 해서 공간이 매우 넓어졌지만, 과거에는 의원실 사이의 간격이 매우 좁았습니다. 그래서 앞 의원실에서 하는 대화가 건너편 의원실로 새어 들어갈 정도였습니다. 가끔 NY가 호통치는 날이면, 그 호통 소리가 복도를 타고 흘러나가 다른 의원실에서 저희가 혼났다는 걸 알 정도였습니다.

　말씀드렸듯 NY는 직원들이 긴장을 늦추지 못하도록 작은 실수에도 매우 따끔히 야단을 칩니다. 처음 듣는 사람은 마치 호랑이굴에 들어가 있는 것 같은 공포를 느낀다고도 합니다. 목소리가 굵고 크기 때문입니다.

그런데 그뿐입니다. 마음에 두고두고 담아놓고 그 일로 사람을 미워하거나 괴롭히지 않습니다. 그 순간 진심으로 실수를 뉘우치고 재발하지 않도록 굳게 마음을 먹으면 됩니다. 욕설을 하거나 폭력을 행사하거나 하는 일은 전혀 없으니까요.

이 얘기가 와전돼 혹자는 NY가 '쪼인트를 까더라'는 얘기까지도 하던데, 전혀 사실이 아닙니다. 그래서 NY와 오랫동안 같이 일을 한 사람들은, 혼나고 나서 금방 뒤돌아 잊고 하던 일을 계속합니다. 다른 일로 잘해서 보고를 하면 분위기가 급반전돼 바로 칭찬을 받기도 합니다. 소위 말하는 뒤끝이 없는 것입니다.

이에 NY의 꾸중을 피하는 방법을 정리해봤습니다.

대안을 제시하라

문제가 발생했을 때 그 문제의 해결에만 몰두하다 보면 답은 나오지 않고 문제의 골은 깊어지는 악순환을 겪게 된다. 가령 컴퓨터가 멈춘다거나 작동이 느릴 경우, 컴퓨터를 수리하는 것이 본질적인 해결법이라 생각하기 쉽다. 그래서 본인이 고쳐보려 하거나 또는 컴퓨터 전문가를 불러 고치게 하려 들 것이다.

그러나 그 과정에서 시간은 흘러가고 NY는 기다리는 것을 싫어한다. 이럴 때는 대안을 제시해야 한다. 앞의 사례에서 컴퓨터로 하려고 했던 작업이 문서 출력이라면, 파일을 USB에 옮겨 다른 컴퓨터에서 출력해 오면 된다.

죄송하다는 말은 금물

금전적 대가를 받고 일하는 사람을 프로라고 한다. 심지어 국민의 세금을 받고 일하는 공무원이라면 그 실수는 자칫 국민에게 돌아갈 수 있다. 그래서 죄송할 일을 만들어선 안 되겠지만, 실수가 있는 경우 빨리 수정해서 올바로 바로잡아야 한다. 그런데 그 과정에서 '죄송하다'는 말은 감정적인 접근 방법이다. 그리고 죄송하다는 사과는 국민들에게 해야지, 상사에게 해야 할 말이 아닌 것이다. 그래서 NY 앞에서는 죄송하다는 말을 하지 않는다. 그런 얘기를 할 시간에 달려가 잘못된 일을 한시라도 빨리 바로잡는 것이 옳다.

피하지 말라

보고가 어렵거나 꾸중을 들으면 피하려고 드는 것이 인지상정이다. 그러나 그럴수록 자꾸 부딪쳐야 한다. 특히 실수가 발생했을 경우 자신이 그렇게 생각한 근거를 들어 설명하라. 그 이유가 타당하다면 NY는 설사 결과가 그릇되더라도 그것을 문제 삼지 않는다. 그러나 인습이나 타성에 기대어 별생각 없이 저지른 실수라면 NY는 결코 용납하지 않는다. 그럴 경우 빨리 실수를 인정하고 재발 방지 대책을 마련하라.

선제적으로 접근하라

NY는 자신의 생각을 고집하지 않는다. 따라서 NY와 생각이 다르더라도 타당한 이유를 제시하면 된다. NY는 당장은 토론을 이어가더라도 시간이 흐른 뒤엔 당시에 당당히 자신의 주장을 내세웠던 이의 의견을 인정하고 칭찬한다. 나아가 NY에게 먼저 방향을 제시하거나 제안하고 설득하는 것도 좋은 방법이다. NY는 결코 자신의 생각만을 고집하지 않는다.

그때그때 달라요

NY는 타성에 젖어 반복하는 것을 싫어한다. 매번 그 시점에 최적을 찾아내야 한다. 작년에 그랬거나 과거에 죽 그랬다는 것은 전혀 이유가 되지 않는다. 혹자는 NY가 변덕을 부린다고 생각하기도 하지만, 이는 변덕이 아니라 매 순간 최선의 방법을 찾고 변화하려는 노력이다. 혹자는 이를 두고 'NY는 매 순간 진화한다'고도 표현한다.

보고는 구체적이어야 한다

"언제까지 되나?"라고 물었는데, 누군가 이렇게 답했다. "구체적으로 말씀드리자면 다음 주 중에 됩니다." 답변자는 꾸중을 들었다. 답변이 전혀 구체적이지 않은데 '구체적'이라는 수식까지 했고, 답변 자체가 질문의 궁금증을 해소시키지 못했기 때문이다.

2019년 10월 13일 NY는 태풍 미탁의 최대 피해 지역 가운데 한 곳인 경북 울진 현장을 찾았다. NY는 행정안전부 담당자에게

"임시주택 공급이 언제까지 가능한지" 물었다. 담당자는 "바로 제공한다"고 답했다. 그러자 NY는 "바로라고 하지 말고, 몇 주 이내에 되냐"고 다시 물었다.

이재민들의 입장에서 답변이 필요한 것이다. 당장 들어가 살 곳이 급한데 언제까지 기다려야 할지… 하루하루가 다급한 분들의 입장이라면 꽤 구체적인 답변이 필요할 것이다. 그러나 흔히 공급자 입장에서 답변한다. 그래서 '바로'라는 답변이 나오는 것이다. 재차 물은 질문에 대한 답변은 "2주 이내"였다. '2주'와 '바로'의 차이가 NY에겐 매우 중요하다.

이낙연 아카데미

이낙연 아카데미의 수업 방식

:: NY는 1987년 대통령 직선제 도입 이후 '최장수 총리' 기록
을 세웠습니다. 종전 '최장수 총리'는 이명박 정부 세 번째 국무
총리인 김황식 전 총리(2010년 10월 1일부터 2013년 2월 26일까지,
880일)였습니다.

2년 8개월이란 시간 동안 NY와 동고동락한 총리실 공무원들
은 NY를 어떻게 기억하고 있을지 궁금했습니다. 그래서 여러 간
부들 그리고 NY와 가까이에 있었던 실무자들을 만나 얘기를 들
었습니다. 그 가운데 총리실 안에서도 가장 많이 일을 하기로 유
명한 모 국장님의 얘기가 귀에 익었습니다. 허락을 구해 그대
로 싣기로 했습니다. 그리고 그 글을 토대로 제 의견을 덧붙였습
니다.

와, 50퍼센트는 살아남았어!

총리실에서 신년사, 각종 담화문, 각종 회의 말씀자료 등을 써오면서 이런 종류의 글쓰기에는 어느 정도 자신감을 갖고 있었다. 이 자신감은 이낙연 총리가 온 후에 매일매일 무너져 내렸다. 국정현안점검조정회의는 매주 목요일 열렸고, 수요일에는 거의 자정까지 글을 고치고 고쳐서 의전실로 보내놓는다. 회의는 보통 아침 8시이거나 8시 30분인데, 총리는 7시경에 출근해서 모두말씀을 직접 수정하고 회의 직전 최종본을 보내준다. 마치 시험 결과를 기다리는 학생처럼 최종본을 기다린다. 그 글이 오면 회의팀 전체가 한 번 읽는다. 언제나 어느 모로 보나 초안보다 훨씬 좋은 문장이 그곳에 있다. 감탄하면서 한 문장 한 문장 상세히 읽으며 무엇이 달라졌는지 확인한다. 어떤 때는 거의 전문을 새로 쓰다시피 한 날도 있는데 그때는 좌절한다. 보통 30퍼센트 정도 살아남는 것 같다. 어느 날 절반 이상이 살아남아 있으면 굉장히 기뻤다. 5분 남짓한 말씀자료에 그 당시 국정 현안에 대한 방향성을 언급하고 안건에 대해 국민들께 알기 쉽게 설명하거나 장관들에게 적절한 당부를 담는 것은 쉬운 일은 아니었다. 한 문장 한 문장에 국민들께 의미 있는 말을 건네고자 하는 총리의 수준에 이르는 것은 언제나 힘든 일이었지만, 그 과정에서 소통을 배우고 내용의 적절성과 실천 가능성을 점검하는 DNA가 총리실에 심어진 듯하다.

NY는 주로 파란색 펜을 사용합니다. 그 파란색 펜도 특정 제품을 고집합니다. 국무총리가 되고 나서는 제품의 변화가 있었습니다. 둘 다 시중에서 쉽게 구할 수 있는 저렴한 펜입니다. 어쨌거나 NY는 그 펜으로 원본을 수정합니다. 수정된 문서를 보면 요란합니다. 갖다 붙이고, 썰고, 화살표가 이리저리 휘둘려져 있습니다. 틈새 곳곳에 새로 써 넣은 글까지 있어 자칫하다간 수정된 부분을 놓치기도 할 정도입니다.

그런데 그에 따라 하나둘 고쳐서 완성된 수정본을 보고 있노라면 감탄을 금할 수 없습니다.

"이렇게 쉽게 쓸 수 있구나."

수정을 받아본 사람들의 공통된 생각입니다. 실제로 6선 대변인 출신인 NY는 명대변인의 비결을 묻는 질문에(국회보 2010년 12월호) 이렇게 답했습니다.

"흔히 대변인은 임기응변에 능하고 잘 둘러대는 사람이라는 이미지를 갖고 있는데 저는 그 반대라고 생각해요. 대변인은 어눌하더라도 진실을 말하는 사람입니다. '진실하자'는 것이 제 좌우명이기도 해요."

말과 글은 상대를 현혹할 필요가 없다고 생각합니다. '진실'은 늘 그대로 전달되기 때문에 그것을 가장 쉽고 정확히 전달할 방법만 찾으면 되는 것이라고 생각합니다.

국무총리 이낙연

남북 이산가족상봉 사진전시회 '멈출 수 없는 그리움의 노래'가 열립니다. 눈물겹고 역사적인 순간을 기록한 귀한 작품들을 전시회에 출품해 주신 언론사와 통일부에 감사를 드립니다.

남북분단 이후 1000만 명의 겨레가 이산의 아픔을 안고 살아야 했습니다. 수십 년 동안 가족의 생사조차 모른 채 애끓는 그리움과 슬픔 속에 살았습니다. 그러나 혈육을 그리는 마음은 두터운 분단의 장벽을 녹였습니다.

1985년 남북 이산가족 고향방문단 및 예술공연단 교환을 통해 첫 가족 상봉의 돌파구가 열렸습니다. 이후 15년간의 안타까운 단절이 있었지만, 2000년부터 지난해까지 총 21차례의 직접 대면과 7

봉 정례화와 상설면회소 설치 등 남북 이산가족 문제는 언제나 최우선 과제로 다뤄질 것입니다.

남북이 신뢰회복을 위한 노력을 그치지 않고, 서로를 향한 그리움의 노래를 멈추지 않는다면 이산가족이 자유롭게 왕래하는 한반도 평화시대는 성큼 다가올 것입니다. '멈출 수 없는 그리움의 노래'는 그 거리를 좁히는 또 하나이 발걸음이 될 것으로 믿습니다. 감사합니다.

차례의 화상 대면을 통해 남북 2만 4,352명이 가족을 만났습니다. '멈출 수 없는 그리움의 노래'에 전시된 작품들은 이산가족 상봉의 해원을 담고 있습니다. 생이별 70여 년 동안 응축된 그리움과 서러움이 봇물처럼 풀리는 순간들을 잡아낸 작품들입니다. 지구 마지막 냉전지역에 살고 있는 대한민국의 아프고도 슬픈 자화상입니다.

어머니의 등에 업혀 삼팔선을 넘어온 젖먹이가 이제 칠순의 노인이 됐습니다. 더벅머리 스무 살 청년은 망백의 노인으로 변했습니다. 아직도 남쪽에만 5만6,702명의 이산가족이 타는 가슴으로 혈육 상봉의 순간을 기다리고 있습니다. 시간은 이 어른들을 더 이상 기다려주지 않습니다.

정부는 한반도 비핵화와 남북화해를 위해 모든 노력을 기울이고 있습니다. 그 과정에서 이산가족상

- 2 -

자네들은 왜 그렇게 기교를 부리려고 하나?

담당 과장이 초안을 잡아 온 말씀자료를 검토하던 어느 날 마침 운율과 대구와 메시지가 총리가 말씀함 직하다고 생각되는 문장이 생각나서 그것을 집어넣었다. 실장은 드라이하게 팩트 위주로 가자며 그 표현에 대해 빼자고 했지만, 나는 아마 총리가 좋아할 거라며 넣자고 실장을 설득했다. 아랫사람 격려의 의미도 있어 실장은 마지못해 그 표현을 살려서 총리에게 보냈다. 그다음 날 아침 일찍 실장은 총리로부터 문자메시지를 받는다. "자네들은 왜 그렇게 문장에 기교를 부리려고 하나?" 실장은 그 문자메시지를 내게 보여주었다. 총리의 메시지는 내가 고집한 그 문장을 지적하는 것임이 틀림없었다. 실장에게 "죄송하다. 다음에는 실장님 말씀 잘 듣겠다"고 했다. 뒤돌아 나오면서 작은 미소가 지어졌다. 총리가 군이 문자메시지를 보낸 것은 90퍼센트는 질책이겠지만 10퍼센트 정도는 그런 시도에 대한 반응이라고 생각했기 때문이다. 언젠가는 내가 쓴 글이 총리가 쓴 글과 구분이 안 갈 정도로 한번 써보고 싶다는 결의를 하는 정신 승리로 그 질책을 승화시키면서, 총리가 보내올 최종안을 기다렸다.

NY의 대정부질문이나 연설을 들으면 무척 멋지다는 생각을 하곤 합니다. 그런데 하나씩 뜯어 자세히 들여다보면 거기에 멋들어진 미사여구나 수식어가 화려하게 치장돼 있지 않습니다. 무척 간결하고 쉽습니다. 오해의 소지가 적고 말하고자 하는 바가 무엇인지 정확합니다. 상대방의 지적 방식을 고스란히 담아와 논지는 살리되 거추장스러운 장치를 털어내 버리고 쉽게 되바꿔 다시 던집니다. 역공을 받은 상대방은 주춤합니다. 그것이 NY의 토론 방식입니다.

그래서 글에 쓸데없는 수식이나 자랑을 써 넣으면 바로 지적을 받습니다. 이러한 훈련이 반복되면, 글이 매우 간결해지며 오독의 가능성이 줄고 심지어 문법에 어긋나는 일도 적어집니다. 그래서 저희 보좌진들은 '이낙연 아카데미' 출신이라고 농담처럼 얘기합니다.

간부 티타임은 터질 듯한 긴장과 학습의 장

매일 아침에 있는 간부 티타임은 1급들에게는 매우 부담 되는 시간이다. 담당 분야의 현안에 대해 보고하고 총리와 대화도 나눠야 하기 때문인데, 총리의 질문은 송곳 같다. 총리는 답을 모르는 질문은 하지 말라는 말씀도 가끔 하는데, 내가 볼 때 총리는 이미 질문한 내용에 대한 답을 알거나 답변의 방향이 이러해야 한다는 생각을 갖고 있는 듯했다. 그런데 그 질문에 대한 정확한 답이 아니거나 좀 더 구체적인 사항과 함께 대화를 이어가지 못하면 실장들은 본인이 오늘 미흡했다고 생각하지 않을 수 없었다. 그 시간에 대비하기 위해 실장들은 아침 8시 전에 출근해 자료를 챙기고 세부 사항을 확인하곤 했다. 실장들에게는 8시부터 9시 30분까지의 하루의 시작이 언제나 긴장의 연속이지만, 꼼꼼한 국정 운영을 위해서는 꼭 필요한 시간이었다. 그런데 그런 시간이 내게는 다른 의미에서도 꼭 필요한 시간이었다. 전체 돌아가는 것을 알아야 총리를 잘 보좌할 수 있다는 이유로 기획총괄정책관도 그 회의에 배석하는데, 배석자는 질문에 대한 답변 부담이 없기 때문에 총리와 장관, 차관, 실장급들이 하는 매일의 논의에서 많은 것을 배울 수 있었다. 총리에게 야단맞지 않고 총리의 노하우와 국정 전반에 대해 총리처럼 생각하는 법, 보고하고 답변하는 법, 무엇을 준비해야 할지 등 가르침을 받을 수 있었던 최고 학습의 장이었다.

의전이란 이런 것이다

:: 누군가를 가까이서 지켜볼수록 그 사람에 대한 세밀한 부분까지 경험할 기회가 많으니 잘 안다고 할 수 있을 것입니다.

NY가 총리로 지명되고 후보자 때 인사 청문회를 준비하던 시절부터 총리가 되고 난 후까지 1년 10개월을 지근거리에서 수행한 당시 수행과장의 눈에 비친 NY는 어떤 모습이었을지 궁금합니다. 마침 수행과장직을 마치면서 그가 남긴 글이 있어 그 글을 토대로 NY에 대해 말씀드리고자 합니다.

행사에서 내빈보다는 수상자를 배려해 사전에 만나 축하를 드리는 경우가 많았다. 수상자가 주인공이고 다시 보기 어렵기 때문이다.

여기서 행사라는 것은 시상식이 포함된 행사를 얘기하는 것 같습니다. 내빈이라 함은 쉽게 얘기해서 높은 자리에 있는 사람을 말합니다. 행사에 높은 분들이 오시면 VIP라고 해서 그분들을 우선적으로 배려하기 마련입니다. 그러다 보면 수상자는 자신이 행사의 주인공이라 생각하고 참석했는데, 정작 자신은 뒷전이고 행사를 축하하러 온 사람들이 더욱 빛나는 경우가 있습니다. 그럼, 수상자는 소외감을 느낄 것입니다.

행사에 참석한 내빈 또한 자신의 귀한 시간을 내어 온 것이므로 뒷전에 둘 수는 없습니다. 그렇다면 주인공은 행사 전에 따로 만나서 인사를 나누고 격려하고, 행사에서는 내빈을 챙긴다면 두 가지를 모두 배려할 수 있는 것입니다. NY는 바로 이런 점을 꿰뚫은 것입니다.

NY의 배려이자, 그의 통찰력을 집어낼 수 있는 사례라고 생각합니다.

사진 촬영시 여성분을 배려해 가운데 서도록 한다.

NY의 이런 배려는 자주 찾아볼 수 있습니다. 여성에게도 그렇고 장애인의 경우에도 그렇습니다. 보통 행사의 주최자가 자리의 중심에 서는 것을 깨고 그분들에게 한가운데 자리를 양보합니다. 그런가 하면 휠체어 장애인을 위해 무릎을 굽혀 자세를 낮추기도 합니다.

2017년 11월 10일 제22회 농업인의날. 금탑산업훈장 수상자 김기운 초당산업 대표에게 훈장을
수여한 뒤 기념사진을 찍을 때 자세를 낮추고 있다.

2018년 5월 31일 제23회 바다의날 기념 행사장. 수상자와 사진을 찍을 때는 여성이 가운데에
서도록 배려한다.

짐 들기, 전화 걸기, 차 문 열기 등은 스스로 한다. 수행 비서가 할 일이 없어 정체성에 혼란을 겪기도 한다. 특히 상갓집 등에서 구두를 벗으면 스스로 신발장에 넣는다. 수행원 등이 다른 사람의 구두를 손으로 만지는 게 불쾌하지 않겠느냐는 것이다.

매우 간단하고 당연한 일인 것 같습니다. 식당에 가서 신발을 벗어 신발장에 올려놓는 사람이 있는가 하면 그냥 바닥에 놔두는 사람도 있습니다. 그런데 총리라는 지위에 있는 사람이 그냥 벗어두면 누군가 그 신발을 들어 대신 신발장에 넣을 것입니다. NY는 그런 진행을 예상해서 그럴까요? 아마도 그래서 자신의 신발을 수행원이 손으로 만져 불쾌할까 봐 염려까지 하는 것일 겁니다.

행사에서 국민들이나 참석자에게 불편을 끼치지 않도록 각별히 주의한다. 총리가 지나간다고 사람들을 막거나 차량 통행 편리를 위한 행동을 하지 않도록 지나친 의전이나 경호를 경계한다. 이동시 경찰이 신호 통제를 하지 못하게 해서 이동 시간 예측이 어려워져 비서진과 경호팀은 힘들어하지만, 신호 통제로 꽉 막혀 있는 차량들이 없어져 보람을 느낀다.

이건 앞에서도 한 번 말씀드린 적이 있습니다. 경호팀이 경호 대상만 신경 써도 될 텐데 이제는 통행하는 국민들까지 신경 써야 한다니 배시시 웃음이 나오는 불편함 같습니다. NY는 자신의 차량 통행시에도 아주 중요한 일이 아니면 경찰이 따라붙어 원활한 통행 보조를 하거나 신호등을 잡아 일반 통행에 불편함을 주는 일을 하지 않도록 합니다. NY에겐 항상 국민이 우선이니까요.

전화 연결을 하는 경우, 되도록 먼저 받거나 또는 동시에 받으려고 노력한다. 원래는 의전 서열에 따라 상대방을 먼저 연결해서 기다리게 한 후 총리에게 언결해왔다.

이 역시 NY는 상대방을 우선으로 생각하는 사람이다 보니 당연한 결과입니다. 자신을 낮추고 상대방을 높이는 자세는 곳곳에서 드러납니다.

공관 등으로 손님을 초대할 경우 되도록 손님보다 먼저 도착해서 영접한다. 행사장에 도착할 경우엔 너무 일찍 가서 주최 측이 당황하지 않도록, 주변을 한 바퀴 돌더라도 시간에 맞춰 간다. 영접하려는 사람들에게 피해가 가지 않도록 4~5미터 앞에 차를 세우고 걸어간다. 배기가스 등을 맡지 않게 하고 오만해 보이지 않도록 하기 위함이다. 손님들의 수행원까지 챙겨가며 식사를 제공하는지 종종 확인하기도 한다.

NY는 어디든 늘 일찍 갑니다. 본인이 가서 기다리는 한이 있어도 늦지 않도록 하기 위한 노력인 것 같습니다. 그래서 국회의원 시절엔 상임위장에 늘 가장 먼저 도착해서 혼자 앉아 있는 풍경이 사진에 찍히기도 했습니다.

그런데 이제는 NY가 행사장에 먼저 도착하면 주최 측에서 당황해한다는 것도 알게 된 모양입니다. 영접하려고 기다리는 행렬이 있으면 먼저 차를 세우고 걸어서 도착하는 모습도 영접하는 사람들 입장에서는 매우 신선하고 감동을 줄 것 같습니다. 보통은 그 앞에 와서 차를 세우는데, 누군가가 문을 열어주면 내리는 모습은 아무리 좋게 봐도 고압적으로 보이는 것을 피하기 어렵습니다.

그렇더라도 영접하려는 사람들의 눈에 띄게 차를 세우면 안 될 것입니다. 그러면 또 그 행렬이 차량을 향해 뛰어올 것이기 때문입니다. 아마도 NY는 영접 행렬의 눈에 띄지 않는 거리에 차를

세우게 할 것입니다.

내빈의 수행원들이 식사를 제대로 했는지까지 챙기는 것은 꽤 세심한 배려 같습니다. 호스트의 입장에서 내빈만 신경 쓰다 보면 자칫 내빈과 함께 온 직원이나 수행원의 식사를 소홀히 할 수도 있습니다. 그 부분까지 직접 챙긴다면 내빈들이 돌아간 후 만족도가 꽤 높을 것 같습니다.

키가 크기 때문에 사진을 찍을 때 다리를 구부려 키 높이를 맞춘다. 본인이 망가지면서 유머를 구사하기 때문에 유머들이 다른 사람에게 불쾌감을 주지 않는다.

이 역시 자신을 낮출 줄 아는 NY 특유의 품성이 드러난 결과

2018년 1월 31일 국민추천포상 시상식에서 마찬가지로 몸을 낮추고 있다.

입니다. NY는 굵은 목소리와 강인한 표정을 갖고 있어 언론을 통해 본 사람들은 딱딱해 보인다는 인상을 갖기도 합니다. 그러나 실제 만나본 사람들은 하나같이 재미있다고 합니다. SNS상에 많이 알려진 '아재 개그'처럼, 자신을 낮추며 분위기를 띄우려고 부단히 노력하는 모습을 사람들은 즐겁게 맞이합니다.

송곳 같은 질문으로 공무원들을 당황시키기는 하지만, 앞이나 뒤에서 사람들에 대해 나쁜 얘기를 하지 않는다. 주로 질책하거나 실망감을 표현할 때 쓰는 표현이 '싱거운 사람'이다. 이로 인해 질책을 받은 간부들 가운데는 질책인 줄 모르는 경우도 있다. 질책을 받은 후 나중에 비서진에게 '싱거운 사람'이 무슨 뜻이냐고 묻기도 한다.

말씀드렸듯이 NY는 욕설 등 험한 표현을 하지는 않습니다. 위에서 쓴 '싱거운 사람'도 NY가 자주 하는 표현입니다. 앞의 설명처럼 그렇게 큰 질책에 쓰이는 표현은 아닌 것 같습니다. 이보다 심한 표현으로 '답답한 사람'이 있기 때문입니다.

가까운 사람들에게는 엄격한 면모를 많이 보인다. 그래도 따뜻한 배려를 종종 보여준다. 경호원이나 수행원들이 식사는 제대로 하는지, 외투를 잘 챙겨 입는지 확인하기도 하고, 본인은 주말에 일을 하면서도 비서진들은 휴일에 쉬도록 배려하거나 돌아가며 근무하게 한다. 명절에 고생하는 경호팀을 위해 사비로 빵을 한 박스씩 사주기도 했다.

저는 NY가 잔정이 많다고 생각합니다. 다만 자신의 식구들에게는, 표현하기가 조금 어색한 아버지의 모습이 있다 보니 다소 딱딱하게 표출이 되곤 할 뿐입니다. 신경을 쓰고 또 마음을 갖고 있다는 것이 이러한 사례처럼 이따금 드러나곤 하는데 그런 때를 놓치지 않고 관찰하는 일도 보좌진들에게는 쏠쏠한 재미입니다.

불필요한 수행원 규모를 확 줄였다. 으레 동행하던 수행원은 반드시 필요한 경우가 아니면 오지 못하게 했다. 간부들에게 총리 자신을 따라다니기보다는 되도록 직원들이 근무하는 곳에 같이 있도록 누차 강조했다. 공항에 지방자치단체장이 영접 나오던 관행도 없앴다.

수행원의 규모를 줄인 것은 전남지사 때부터, 아니 국회의원 시절부터 했던 일입니다. 업무 성격상 내용 보완이 필요한 경우라면 담당자가 같이 가야 합니다. 하지만 그렇지 않은 경우에도 괜히 사람들을 뒤에 줄줄이 달고 다니는 행차 행렬을 종종 봅니다. 장관이나 지방자치단체장 등 기관장들에게서 자주 볼 수 있는 모습입니다. 물론 그렇게 우르르 다니면 매우 높은 사람처럼 보이는 것도 사실입니다. 하지만 그 효과를 위해 행정력을 낭비하는 것을 NY는 몹시 못마땅해합니다.

간부가 직원들 근처에 있기를 바라는 것은 이런 것입니다. 실무지들은 자신들이 의욕적으로 만든 보고서 등을 제때 결재받고 실행하길 원합니다. 그런데 간부가 이리저리 행사장을 돌아다니느라 제때 데스킹을 해주지 않으면 실무자들이 의욕이 꺾이거나 심지어 근무 태만으로 이어질 수도 있습니다. NY는 바로 이 점을 알고 경계하고자 한 것입니다.

보고는 문서보다는 바로톡(카카오톡과 유사한 정부 메신저)를 통해 즉각 받는 것을 선호하며 자주 활용한다. 여러 사람이 알아야 할 간단한 지시는 문자메시지를 통해 동시에 보내 불필요한 전달 절차를 생략한다.

NY의 실용성이 드러나는 부분입니다. 국회의원 시절에도 외부 일정이 있는 경우 보좌진들은 문자메시지를 통해 보고를 해도 됐습니다. 통상은 상사에게 보고를 할 때 반듯한 문서를 출력해 드리는 것이 예의인 것처럼 돼 있습니다. 문자메시지를 통해 보고를 했다가는 건방진 실무자로 찍히기 십상입니다. 그렇다 보니 상사가 외부에 있을 때는 보고를 못 하고 들어올 때까지 기다려야 한다거나 하는 애로 사항이 있는데, NY에게는 통하지 않는 것입니다.

특히 과거에 가상화폐와 관련한 정부 문건이 유출되어 문제가 된 경우가 있습니다. 이에 정부는 보안이 강화된 메신저 '바로톡'을 만들었지만 정작 사용도가 높지 않습니다. 그런데 총리가 사용하는 모범을 보임으로써 공직 사회에 활용도와 보안을 높인다는 점에서도 괄목할 만한 일인 것 같습니다.

막걸리 잔도 양재기잔을 애용한다. 김치찌개 등 되도록 단품 메뉴로 간단히 식사한다. 귀빈식당의 테이블이 너무 커서 오찬 참석자 사이에 거리감이 느껴진다며 작은 테이블을 선호한다.

소탈해서 거추장스러운 격식보다는 실용성을 강조하는 NY의 특성을 잘 보여주는 사례입니다. 음식은 가리지 않지만 건강을 생각해 육식은 자제하는 편입니다. 특히 시장통의 국밥이나 냉면도 즐겨합니다. 광화문 청사 주변 음식점 웬만한 곳에는 NY의 서명이 붙어 있습니다. 편중하지 않고 곳곳에 두루 들르려 한 노력이 엿보입니다.

10년 넘은 양복도 고쳐서 입는다. 스웨터 등은 신문 광고와 인터넷 등을 통해 구매하며, 물건을 살 때도 한국 브랜드인지 먼저 확인한다.

NY의 검소함을 보여주는 사례입니다. 총리가 되고 나서 바꾸기는 했는데 매우 오래 들고 다니던 가방이 있습니다. 너덜너덜해져서 다 뜯어지기 직전의 가방을 실로 꿰매고 또 꿰매던 기억이 있습니다. 그 가방을 들고 주말이면 지역 곳곳을 돌며 온갖 민원과 정책 제안을 가방에 담아 와 월요일이면 사무실에 쏟아 놓던 기억이 납니다.

한 번 얘기한 것은 사소한 것이라도 지키려고 노력한다. 세종시에서 오래 머무르겠다는 약속을 지키기 위해 한밤중에라도 세종시로 내려간다. 명함에는 핸드폰 번호가 적혀 있어 전화와 민원성 문자메시지가 많이 오는데 모두에게 성실히 답변한다.

NY의 신뢰를 지키기 위한 노력이 돋보이는 사례입니다. 특히 명함에 핸드폰 번호를 적기 시작한 것은 매우 오래된 일입니다.

번호도 국회의원 시절의 것을 그대로 사용하고 있어 아직도 전남 영광에 사시는 지역민께서 사소한 민원 사항을 NY에게 직접 전화하기도 합니다. 온갖 전화가 다 걸려 오는 것이 때론 힘들고 짜증스러운 일임에도 그 자리에 그대로 지켜 서서 언제든 국민의 요청에 응하겠다는 NY의 국민들을 향한 소신인 것 같습니다.

마음을 전하는 외교

:: 총리는 국가의 주요 요인으로서, 외국의 주요 인사들과 만날 기회가 많습니다. 해외 순방을 가기도 하고 국내에 찾아온 외국 손님들을 만나기도 합니다. 외빈들을 만나 찍은 사진이 인터넷에 돌면서 '밀랍인형'이라는 별명으로 인기를 얻기도 했습니다. 같은 위치에서 같은 표정으로 찍은 사진들이 재미를 줬습니다. 그런데 그 내막엔 이런 게 있습니다. 역대 총리들에 비해 NY가 꽤 많은 외빈을 만나다 보니 사진이 풍부해진 것이라고 합니다.

지난 2015년부터 총리실에서 영어 통역을 담당해온 유숙현 통역관이 바라본 NY의 모습을 들어봤습니다.

"상대방의 직함이 무엇인지 가리지 않고 국익에 작은 보탬이라도 된다고 판단하면 흔쾌히 응했던 것이 기억납니다. 그러다 보니 상대적으로 많은 분들을 만나게 됐던 것 같습니다. 국내에서도 국민 누구나 만나서 의견을 들으려 했던 것처럼 외빈들에게도 비슷한 생각을 했던 것으로 보입니다."

총리라는 신분이어서 외국의 손님도 총리에 준하는 위치여야 서로 격이 맞다는 생각을 할 수 있을 것입니다. 그러나 NY는 상대방 지위의 높낮음을 가리지 않고 면담의 내용이 타당하다면 외국의 손님을 흔쾌히 맞아들였던 것으로 보입니다. 그뿐만이 아닙니다.

"전에는 총리의 지위에 맞는 외빈은 나란히 앉고(투탑 배치), 그보다 격이 낮을 땐 총리가 앞에 앉는 자리(원탑) 배치를 했습니다. 그런데 NY는 이 배치를 바꿔 아주 큰 차이가 나지 않는다면 대등하게 나란히 앉도록 상대방을 배려했습니다."

상대방에 대한 배려의 마음은 외빈이라고 해서 다르지 않았던 것 같습니다. 그런가 하면 상대방의 이름을 기억해주는 것도 마찬가지였습니다.

"외빈들 이름이 아무리 길고 어려워도 반드시 외워서 꼭 이름을 불러주었어요. 발음도 어려운 길고 희한한 이름들도 정확히 외워, 꼭 호칭 앞에 이름을 넣어 말씀하면서 신뢰를 쌓던 모습이 기억납니다."

그리고 빈곤국에 방문했을 때는 그 나라의 어려운 사정을 안타까워하며 우리나라가 지원할 방법을 찾아 소개하려고 부단히 애를 쓴다고 합니다. 외교적으로 어려움에 처한 국가를 방문했을 때는 현지에 주재하는 우리 대사에게 타국의 사정을 살펴 도움이 되게 하라고 신신당부를 하기도 하는데, NY의 그런 진심이 상대국에 전해지는 것 같아 뿌듯했다고도 덧붙입니다.

그래서인지 처음 보는 타국의 인사들도 NY와 금방 친해지고 다시 NY와 만나기를 희망하는 것 같습니다.

한편 NY는 카투사(우리나라에 주둔해 있는 미 육군에 배속된 한국 군인) 시절 장교의 통역을 담당하기도 해서 스스로도 외국어를 꽤 잘합니다. 기자 시절엔 도쿄 특파원을 지내 일본어 역시 현지인 수준으로 하는 모습을 옆에서 지켜봤습니다. 그래서인지 NY는 자신의 말이 통역되는 과정을 유심히 보며 최대한 있는 대로 전달되도록 꼼꼼히 챙겼다고 합니다. 가령 통역과의 '케미'(사람들 사이의 조화나 주고받는 호흡)도 중시해서 문단 단위가 아니라 한 문장씩 끊어 말하며, 정확히 하나하나 확인하면서 면담을 진행했습니다. NY 특유의 꼼꼼한 업무 방식은 통역에도 적용되고 있었습니다.

"면담시 참고 자료대로 진행되기보다는 예상치 못한 내용들로 진행되는 경우가 많았습니다. 기자 출신으로서 특유의 송곳 질문과 정치인으로서의 역사와 시사를 아우르는 혜안을 술술

NY는 1974년부터 1976년에 걸쳐
미8군 제21수송중대에서 카투사로
근무했다. 중대장 울프 대위와
고궁 앞에서 나란히 선 모습

풀어 말씀하곤 했습니다. 처음에는 어렵고 긴장되기도 했지만,
제가 외교·국방 분야에서도 실력을 쌓아갈 수 있는 계기가 되
었습니다."

유통역관은 오랫동안 총리실에 근무하며, 힘든 시기를 겪기도
했다고 합니다. 그런데 NY의 격려가 있어 큰 위안이 됐다고 말합
니다. 외빈들에게 따뜻한 마음을 전하는 일을 대신할 수 있다는
데서 보람을 얻기도 했다며, 다음과 같이 전했습니다.

"저를 항상 따뜻히 격려해준 게 기억에 남습니다."

일일점검회의:
늘 깨어 있게 하소서

:: 언론사에는 편집회의라는 것이 있습니다. 신문이나 방송 뉴스 제작 과정에서 가장 중요한 의사 결정이 이뤄지는 회의입니다. 보통 종합 일간지를 기준으로 하루에 세 차례 열립니다. 오전 10시, 오후 2시, 저녁 6~7시 하는 식입니다. 오선 회의에 참석한 국장, 부국장(에디터) 등 간부들은 주요 이슈를 선별하고 보도 계획을 세웁니다.

NY는 국회의원 시절 매일 아침 8시 30분이면 모든 보좌진들을 모아놓고 아침 회의를 했습니다. 그날 계획하는 각각의 업무 보고를 듣고 업무 지시를 하곤 했습니다. 돌아가며 보고를 하는 방식이어서, 아무 말 없이 앉아 있다 나올 수는 없어 업무를 만들어내곤 했습니다.

그런데 바로 이 회의를 NY는 총리가 되고 나서 총리실에 도입했습니다. 이른바 '일일점검회의'입니다. 실장급 이상의 간부들과 주요 국장 일부가 참석하는 이 회의는 아침 9시에 열립니다. 현안을 보고하면, 이에 대한 NY의 날카로운 질문들이 이어집니다. 조금만 더 고민해봤더라면 스스로 생각해냈음 직한 질문과 간혹 도저히 생각해볼 수 없는 질문들이 쏟아집니다. 그 순간 답변이 준비되지 못했다는 사실에 대한 깨달음, 그리고 좀 더 생각해봤더라면 하는 아쉬움이 함께 밀려오며 머릿속이 하얗게 변합니다.

당시 공보실장을 했던 김성재 씨는 이렇게 얘기합니다.

"일일점검회의의 도입은 이총리가 우리 정부에 기여한 큰 역할 가운데 하나라고 생각합니다. 간부들로 하여금 늘 긴장을 놓지 못하고 현안에 대해 꼼꼼히 파악하도록 합니다. 그러려면 공부도, 준비도 열심히 해야 합니다. 이러한 회의는 그동안 다른 정부 부처에서는 드물었던 일인 걸로 압니다. 이총리가 하게 되자 다른 장관들에게도 퍼져 나간 것으로 압니다."

NY는 이 회의를 월요일부터 금요일까지 하루도 빠지지 않았습니다. 해외 순방을 다녀오는 때에도 아침에 국내에 도착을 하게 되면, 청사로 출근해 이 회의를 했을 정도입니다.

2017년 8월 24일 서울 삼청동 총리 공관에서 NY는 대통령을 대신해 관세청장 등 차관급 공직자 16명에게 임명장을 드렸습니다. 그 자리에서 NY는 이렇게 얘기합니다.

"국민은 4대 의무가 있습니다. 그런데 공직자에게는 5대 의무가 있습니다."

국방·근로·교육·납세의 의무 외에 공무원에게는 '설명의 의무'가 하나 더 있다는 것이었습니다. NY는 심지어 오동호 국가공무원인재개발원장에게 "국민 앞에 나설 때는 어떻게 말해야 하는지를 공무원 교육 커리큘럼에 추가했으면 좋겠다"고 당부하기도 했을 정도입니다.

바로 이 '설명의 의무'를 다하기 위해서는 공무원이 현안을 상세히 알고 있어야 합니다. 그래야 국민들이 이해하기 '쉽게' 설명이 가능한 것입니다. 그리고 NY는 이를 확인하기 위해 날카로운 질문들을 던집니다. 질문에 답변을 하려면 그 공무원은 완벽에 가깝도록 내용을 숙지해야 합니다.

그런가 하면 NY는 국무회의나 현안조정회의에서 장관들에게도 같은 방식으로 질문을 하기도 합니다. 그러다 보니 장관들도 철저한 회의 준비를 하게 됩니다.

김성재 씨의 얘기입니다.

"현안점검조정회의에 참석한 어느 날이었습니다. 장관들의 책상 위에 자료들이 높이 쌓여 있기에 배석을 한 담당자에게 물었습니다. 원래 이렇게 준비들을 열심히 하시냐고 말입니다. 그러자 돌아온 답변이, 총리에게 답변을 제대로 하기 위해 밤새 준비를 했다는 것입니다."

이처럼 NY가 가져온 회의 문화 하나가 공직 사회를 변화시킬 수 있습니다. 변화는 곧 국민들에게 더 나은 효과를 가져올 것입니다. 그리고 그 변화는 거창한 변혁이 아니라 이처럼 작은 시도와 노력만으로도 가능할 수 있다는 것을 생각해봅니다.

조직의 위상을 높이는 직거래 방식

:: 앞서 NY는 국회의원 시절에도 지위의 높고 낮음을 가리지 않고 실무자에게 직접 보고를 받는다고 말씀드렸습니다. 그래서 인턴비서가 NY에게 직접 보고를 하기도 했다고 말입니다. 의원들은 보통 의문이 있으면 차관 또는 부처의 실·국장에게 묻고 보고를 받습니다. 상임위에서는 장관에게 직접 질의를 합니다. 그런데 NY는 궁금한 사항이 있을 경우 부처의 사무관에게 직접 연락해 묻기도 했습니다. 물론 다선 의원이 되고부터는 상대방이 부담스러워 한다는 것을 알고 그렇게 하지 않았습니다.

총리실의 경우 필요한 사항이 있으면 각 실·국장이 부처에 요청을 하면 되지만, 과거에 총리실의 위상이 책임총리가 아닌 청와대와 부처 사이에 낀 형식적 역할에 그친 경험을 거치는 동안 힘이 있는 부처는 총리실 공무원들의 요구에 즉각 응하지 않습니다.

대통령령인 '국무조정실과 그 소속기관 직제' 제3조에 따르면, 국무조정실은 국무총리를 보좌하고, 각 중앙행정기관의 지휘·감독, 정책 조정, 사회 위험·갈등 관리, 정부 업무 평가, 규제 개혁 및 국무총리의 특별 지시 사항에 관한 사무를 관장한다고 합니다. 즉 총리실은 각 부처의 갈등을 조정하고 정책을 컨트롤하는 역할을 하도록 돼 있는 것입니다.

그러나 현실은 말씀드린 바와 같이 국가 예산을 도맡은 기획재정부나 행정 조직과 인사를 담당하는 행정안전부, 법률을 담당하는 법무부가 훨씬 힘이 셉니다. 힘이 세다는 표현이 과하다 하더라도, 최소한 총리실이 그런 부처들을 좌우하기는 쉽지 않습니다.

여기서 말하는 총리실이라 함은 실무자들을 포함하는 개념입니다. 실무자들이 최소한 해당 부처에 자료 제출을 요구할 수 있는 힘은 있어야 하는데, 해당 부처는 민감한 상황일수록 청와대와 직접 소통을 하고 싶어 하지 총리실을 경유하려고 하지 않습니다. 물론 총리실이 부처를 통제할 몇 가지 수단은 있습니다. 공직 복무 감찰을 하거나 부처 평가를 하는 것이 그렇습니다. 그러나 실제로 총리실이라는 조직이 하나의 유기체로서 이런 강력한 수단을 활용해 전체 업무가 원활해지도록 한다는 것은 매우 이상적인 구상입니다.

어쨌든 NY는 이런 생리를 잘 알아서인지 부처의 장차관들이 총리에게 직접 보고하도록 합니다. 각 부처는 자신의 수장이 보고를 위해 들어가야 하니 자료를 더욱 철저히 준비해야 합니다. 심지어 NY에게 보고하러 들어왔다가 꾸중을 듣고 자료를 다시 만들어 보고해야 하는 일까지 생깁니다.

급기야 이런 현상이 생겼습니다. 총리 의전실에 근무했던 우영실 씨의 얘기입니다.

"부처 보고 방식이 바뀌었습니다. 예전에는 절대 있을 수 없던 일입니다. 부처의 차관들이 총리에게 보고를 하러 들어올 때 실무 과장들이 함께 참석합니다. 총리가 궁금해하는 사항이 워낙 세부적이어서 관리자가 모두 파악해 답변하기가 어렵다 보니, 내용을 가장 잘 아는 실무 과장을 대동해야 하는 것입니다."

심지어 실무자들은 배석이라고 해서, 간부들 뒤에 의자를 놓고 따로 앉습니다. 그러나 NY는 보고를 들어온 실무 과장들도 테이블에 똑같이 앉게 합니다.

그 결과 총리실과 부처의 관계는 이렇게 달라졌습니다. 이제 총리실의 간부나 실무자들이 부처에 요청을 하면, 부처는 바로 응하게 됩니다. 왜냐하면 자신들의 차관이 보고하러 가는 것보다 실무자선에서 요청 단계에서 협조하는 것이 훨씬 더 나은 방법이라고 생각하기 때문입니다.

그런가 하면 NY는 '군기반장'이라고도 불렸는데, 이런 일들도 있었습니다. 매주 목요일 아침에 정책현안조정회의를 합니다. 대부분의 장관들이 참석을 하는데, 서울과 세종에서 함께 열립니다. 장관들의 세종 참석을 독려하고자 NY는 일부러 세종으로 내려가서 회의를 엽니다. 그런데 한번은 세종 청사에 농림축산식품부 차관과 식품의약품안전처 처장 등 2명만 참석하고, 서울 청사에는 교육부·국방부·행정안전부·국토교통부 장관 등 16명이 참석했다고 합니다.

이에 NY는 "왜 서울에 많이 계시냐" "매주 화요일 국무회의는 서울에서, 매주 목요일 국정현안전점검조정회의는 세종에서 개최하는 원칙을 지키겠다"라고 말했습니다. 그리고 일주일 후 열린 회의에 세종 청사 참석자가 10명으로 늘었다고 합니다. 혹자는 NY의 따끔한 한마디에 장차관들이 대거 세종 청사에 집결하는 것을 보면서 새삼 '내각의 군기반장'임을 실감했다고 얘기했습니다.

실제로 '장관들 벌벌 떠는 '내각 군기반장' 이낙연 총리'라는 제하의 기사(한국경제신문 2018.4.5.)는 이렇게 전하고 있습니다.

경제 부처 한 장관은 "대면 보고하다가 묵묵히 듣던 이총리가 송곳 질문을 시작하면 '올 것이 왔다'는 생각에 식은땀이 흐른다"고 했다. 장관 보고에 배석한 적이 있는 국장급 관료는 "정책 발표를 앞둔 대면 보고나 회의에서 총리가 질문을 던졌는데 장차관이 대답을 머뭇거리면 곧바로 불호령이 떨어진다"며

"'나한테도 제대로 답을 못 하는데 기자들 질문에는 어떻게 답할 것이냐'며 '제대로 준비될 때까지 브리핑하지 말라'고 해 브리핑이 취소된 사례도 많다"고 전했다.

국민들은 총리실에 큰 기대를 하며 각종 민원을 제기합니다. 총리실이라면 각 부처를 주무르고, 전화 한 통으로 움직일 수 있을 것이라 생각합니다. 그리고 그것이 현 직제에 맞는 총리실의 역할이기도 합니다. 이를 위해 국회는 '책임총리'의 필요성을 수시로 강조합니다.

책임총리를 위한 수단은 여러 가지가 있을 것입니다. 직제를 바꿔 총리의 위상을 강화하는 모양새를 취하거나, 대통령에게 맞서기까지 하며 자신의 색깔을 강하게 드러내는 모습도 우리는 경험했습니다.

그러나 국민이 원하는 책임총리란 각 부처의 아전인수식 행정을 타파해 국민 중심의 행정으로 끌어가기 위해 조율하고 조정해낼 수 있는 총리와 총리실일 것입니다. NY만의 내실을 기한 총리 강화 방식도 향후 총리들이 염두에 두고 참고해볼 만하다고 생각합니다.

실전 사례:
품격을 높이는 NY의 파란펜

:: NY는 말과 글로 정치를 하는 정치인입니다. 말과 글은 국민에 대한 마음이자 충정이라고 생각하는 것 같습니다. 그래서 매우 깐깐하고 세심하게 살핍니다. NY와 일하는 것이 힘들었다고 하는 사람들의 공통점은 바로 이 말과 글에 있습니다. 그 힘들다는 NY의 말과 글이 어떻게 수정되는지 이제 직접 살펴보고자 합니다.

이 자료는 NY가 국무총리로 재직하는 동안 총리실 공무원들의 땀과 노력이 묻어나는 부분입니다. 부대끼며 애쓴 총리실 공무원들의 노고에 경의를 표합니다.

참고로 '발언자료'라는 것이 생소하실까 봐 설명드리겠습니다. 더 정확하게는 '말씀자료'가 맞는 표현입니다. '말씀'이라는 단어가 다소 누군가를 높이는 표현이라 국민들께서 거부감을 가지실 수도 있어 '발언자료'라고 바꿔봤습니다.

정부의 회의는 통상 비공개로 진행됩니다. 정부의 주요한 계획들이 외부에 노출될 수 있기 때문입니다. 또한 단순한 논의나 검토가 마치 결정된 사항처럼 외부에 비쳐지면 국민들께서 혼란을 겪으실 수도 있습니다. 그래서 회의 시작에 앞서 외부에 공표가 되어도 괜찮은 사항들을 언론에 공개합니다. 이를 '모두발언'이라고 합니다. 이때는 언론사의 카메라 기자들이 들어와 영상을 촬영하고, 녹음을 하기도 하고, 공무원들이 별도로 발언자료를 기자들에게 보내 기사화되기도 합니다.

회의 진행자가 바로 이 '모두발언'을 하기 위한 자료를 공무원들이 준비하는 것입니다. 주로 회의의 주요 내용을 담고, 그 이유와 취지가 담긴 메시지 형태입니다. 대통령, 국무총리, 장관, 국회의원을 가리지 않고 참모들은 이런 자료를 통상적으로 준비합니다. 발언자에 따라 그 자료를 그대로 읽기도 하고, 사전에 함께 고치기도 하고, 그날의 상황에 따라 즉석에서 원고와 다르게 발언을 하기도 합니다.

NY는 말씀드렸듯이 매우 꼼꼼히 발언자료를 수정하고 또 수정합니다. 아래의 내용들은 바로 그 자료를 준비하는 과정에서 NY를 위해 공무원들이 알아두어야 할 내용을 정리한 것입니다.

NY가 발언자료를 수정하는 경우는 다음과 같습니다.

1. 문제를 바라보는 시각이나 관점이 아니다 싶을 때
2. 진전된 메시지가 없는 경우(전에 한 말을 그대로 가져온 경우)

3. 글 전체의 구조화와 강약 조절을 하지 못한 경우

4. 구체적으로 얘기해야 할 것을 얼버무리고 넘어간 경우

5. 쉽고 간단히 할 수 있는 말을 중언부언하거나 어렵게 쓴 경우

6. NY의 경험이나 입장을 담아야 할 때 담지 않은 경우

7. 읽기 좋게 대구나 운율을 살리지 않은 경우

8. 문법이나 존칭에 어긋나거나 문어체로 쓴 경우

1. 문제를 바라보는 시각이나 관점

■ 민주노총 총파업을 하루 앞두고 현안조정회의에서 할 노사관계 관련 말씀을 준비하는데, 총리는 "상상력을 발휘해라!"고 말씀했습니다.

사전 보고본: 총파업에 대해 유연한 입장을 견지하겠지만 국민들이 받아들이기 어려운 불법 행태에 대해서는 엄정히 대처하겠다는 표현을 씀.

NY 수정본: 촛불집회가 평화롭게 진행되었듯이 노동계의 총파업 또한 혼란이나 충돌 우려는 기우에 지나지 않을 것이라는 믿음과 기대를 표명함.

사전 보고본: 내일, 민주노총과 비정규직 사업장을 중심으로 총파업 집회가 예정되어 있음. 정부는 노동자들의 자유로운 의

견 표출을 최대한 보장할 것임. 정부는 이번 총 파업 및 집회 과정에서 유연한 입장을 견지하겠지만, 일반 국민들이 받아들이기 어려운 불법적인 행태에 대해서는 법과 원칙에 따라 엄정하게 대처해나갈 것임. 노동계도 질서 있고 평화적인 방법으로 집회를 진행해주시길 당부드림.

NY 수정본: 내일부터 노동계의 총파업이 시작됨. 일부에서는 혼란이나 충돌을 우려하기도 함. 또 다른 사람들은 위법사태가 벌어져서 노동조합과의 관계가 관리하기 어려운 상황으로 치닫는 것 아닌가 하는 걱정도 함. 그러나 저는 그런 우려가 기우에 지나지 않을 것이라고 확신함. 촛불혁명으로 탄생한 문재인 정부에 대한 노동계의 기대가 큰 것처럼 노동계에 대한 문재인 정부의 기대 또한 큼. 정부에 대한 국민의 기대가 높은 것처럼 노동계에 대한 국민의 기대도 높음. 이것을 정부와 노동계가 깊게 유념해줬으면 함.

■ 추경과 정부조직법과 관련해 국회에 협조를 요청하는 메시지를 냈습니다.

사전 보고본: 정부의 입장, 정부의 시각에서 작성함.

NY 수정본: 국민의 시각을 빌려 당위성을 강조하고, 그러면서도 국회의 권능을 존중하고 정중히 부탁하는 시각을 유지함.

사전 보고본: 일자리 문제로 애가 타는 청년들에게 하루빨리 희망을 주는 일이 정부가 해야 할 가장 시급하고 중요한 일임. 국정의 조기 안정을 위해 정부 조직 개편 또한 조속히 이뤄져야 함. 국회의 협조가 절실한 상황임. 저도 여러 방면으로 국회의 협조를 간곡히 요청드리겠음. 각 부처 장차관께서도 국회와 국민들께 적극적으로 설명하고 협조를 구하는 데 최선의 노력을 다해주시기 바람.

NY 수정본: 두 가지 모두 국민의 눈으로 봐서는 시급한 일이라고 저는 생각함. 새 정부가 출범했으면 일할 수 있는 조직을 갖출 수 있도록 도와주셨으면 좋겠고, 새 정부가 가장 시급한 현안이라고 생각하는 일자리 창출과 저소득층의 지원을 중심으로 한 추가경정 예산안도 새 정부의 첫 사업인 만큼 국회가 꼭 도와주시면 좋겠다는 부탁의 말씀도 드림. 다수 국민 또한 그렇게 생각하실 것이라고 감히 말씀드림. 그런 당위성은 있으나 국회는 또 하나의 현실이고, 국회 또한 우리 정부보다 더 큰 권능을 가진 곳이기 때문에, 우리가 국회의 존재를 존중해가면서 더욱 간곡한 자세로 국회에 협력을 요청해야겠다 이런 마음을 가짐.

■ 쌀값에 대한 상황 인식 관련

사전 보고본: 지금 현재 쌀값이 최저점인 양 얘기를 풀어감. 백남기 농민에 대

해 전주 국무회의에서 사과 메시지를 냈다는 이유로 따로 언급 안 함. 농림축산식품부장관이 말하듯이 씀.

NY 수정본: (지난 정부) 작년이 최저(과거형), 지금은 시장이 이미 움직이기 시작했다고 표현함. 백남기 농민에 대해 언급함. 관계 부처가 동의할 수 있는 가장 많은 물량으로 하기로 했다고 표현함으로써, 농림축산식품부장관의 시각이 아닌 기획재정부와 농림축산식품부를 아우르는 총리의 시각에서 말함.

사전 보고본: 쌀의 소중한 가치는 변함없지만, 20년 전보다 떨어진 쌀값은 농민들을 어렵게 하고 있습니다. 새 정부가 출범했고, 첫 수확기를 맞아 쌀값에 대한 농민 여러분의 바람과 기대가 얼마나 크고 절실한지 잘 알고 있습니다. 정부는 이러한 기대에 부응하고, 농민들께서 쌀값 걱정 없이 수확의 기쁨과 보람을 느낄 수 있도록 다양한 노력을 기울여나가겠습니다. 우선 2010년 이후 최대 물량인 37만 톤의 쌀을 시장에서 격리하겠습니다. 공공비축 물량 35만 톤까지 포함하면 72만 톤을 매입하는 셈입니다. 역대 가장 이른 9월 중에 격리 물량을 결정하고 수확기 대책을 발표하는 만큼 쌀값이 조금이라도 빨리 안정되기를 기대합니다.

NY 수정본: 작년에 쌀값이 거의 25년 전 수준으로 폭락해서 농민들이 큰 고통을 겪으셨고, 쌀값 폭락에 항의하는 농민 시위 중에 백남기 농민이 죽음에 이르게 된 일도 있었습니다. 작년 같은 불행한 일이 다시는 없게 하기 위해 올해는 시장 격리를 조기에, 그리고 관계 부처가 동의할 수 있는 가장 많은 물량으로 하기로 했습니다. 조기·다량 시장 격리가 쌀값의 재상승에 기여하길 바랍니다. 시장은 이미 움직이기 시작해서 쌀값이 작년 수준은 벌써 웃돌고 있습니다만, 이 정도 갖고 만족할 수는 없습니다. 기대만큼 쌀값이 회복될 수 있도록 이번 조기·다량 시장 격리가 마지막 조치가 아니라 조치의 시작이라는 마음가짐으로 임해야 합니다.

■ 중앙 부처 중심의 사고에서 더 나아가 지방자치단체의 역할도 함께 강조했습니다.

사전 보고본: 중앙 부처와 지방자치단체 모두 문제의식을 가져야 한다고 언급했으나 국토교통부에 한정해 대책의 실행력을 높일 것을 당부함.

NY 수정본: 지방자치단체의 역할과 책임이 강조되는 이유를 설명하고, 국토교통부와 함께 지방자치단체의 책임도 당부함.

사전 보고본: 문제가 생기면 그에 대한 대책을 만드는 것은 정부의 당연한 책무입니다. 하지만 대책을 시행한 이후에도 계속 사고가 발생하는 것에 대해서는 정부와 지방자치단체 모두 심각한 문제의식을 가져야 합니다. 대책이 발표된 후 유사한 사고가 발생하고 또 다른 대책이 만들어지는 소모적인 악순환을 이제는 끝내야 합니다. 지켜지지 않고 이행되지 않는 대책은

만들 필요도 없고 없느니만 못합니다. 국토교통부는 이번 대책이 현장에서 실행력을 높일 수 있도록 확인과 점검 노력을 다해주시기 바랍니다.

NY 수정본: 이제까지는 사고가 나면 대책을 내놓고, 대책을 내놓은 뒤에는 또 비슷한 사고가 나고, 그렇게 사고가 나면 또 대책을 내놓는 일들이 반복되곤 했습니다. 이제는 그런 반복을 끝내야 합니다. 그러자면 확실한 대책을 내놓고, 그것을 확실히 시행해야 합니다. 정부와 지방자치단체의 역할과 책임을 분명히 해야 합니다. 요즘 자치분권의 요구가 높아지고, 정부도 대안을 곧 제시할 예정입니다. 자치분권이란 지방자치단체가 충분한 권한을 갖도록 하자는 것입니다. 지방자치단체가 충분한 권한을 갖는다면 당연히 책임도 그만큼 져야 합니다. 국토교통부도, 지방자치단체도 숙지, 이행, 점검, 확인을 확실히 해야 합니다. 그것을 소홀히 하면 누구에게든 응분의 책임을 묻는 것이 당연합니다.

■ 국민 입장에서 문제가 있었던 정책은 직설적으로 비판했습니다.

사전 보고본: 가습기 살균제 문제가 화학물질 관리 정책 변화의 전환점이 되었다고 작성함.

NY 수정본: 그간 소홀했던 정부의 대처를 강하게 비판함.

사전 보고본: 이렇듯 가습기 살균제 문제는 우리 사회의 화학물질 관리를 전면적으로 개편하는 전환점이 됐습니다.

NY 수정본: 가습기 살균제 사태는 국민의 안전에 역대 정부가 얼마나 둔감했고 관련 기업들이 얼마나 철면피했던가를 적나라하게 드러낸 대한민국의 치부입니다.

■ 메르스 대응과 관련해 관계 부처 직원의 노고도 함께 격려했습니다.

사전 보고본: 메르스의 신속한 초동 대응에는 국민의 협조가 있었다고 서술하고, 관계 부처의 추가 대응을 당부함.

NY 수정본: 국민의 협조와 질병관리본부 등 관계 부처 직원의 노고에 대한 감사 말씀과 함께 추석 기간 내 정부의 자세를 언급함.

사전 보고본: 이틀 전 정부 발표가 있었습니다만, 서울대병원에서 치료 중인 메르스 확진 환자가 완치 판정을 받았습니다. 격리 상태에 계신 스물한 분도 내일 최종 검사에 들어갑니다. 전원 음성으로 확인된다면, 추석 연휴 전에 사실상 마무리되는 것이어서 무척 다행스럽게 생각합니다. 3년 전과 비교해본다면, 신속한 초동 대응과 국민 여러분의 적극적인 협조로 추가 확산이 없었습니다. 하지만 최대 잠복기와 WHO 기준 공식 종료 시점까지 방역 당국과 지방자치단체는 긴장의 끈을 늦춰

서는 안 됩니다. 보건복지부와 관계 부처는 **방역 활동에 협조**하는 과정에서 손실을 보신 분들에 대한 보상 방안을 마련해야 하겠습니다. 이와 함께 이번 메르스 대응 과정에서 지적된 점들을 면밀히 분석·평가하고 상황이 마무리되는 즉시 보완 방안을 검토해주시기 바랍니다.

NY 수정본: 오늘 회의에서는 추석 민생 대책을 종합 점검하겠습니다. 내일 밤 12시가 되면 메르스 상황에서 사실상 벗어나게 됩니다. 추석 연휴가 시작되기 전에 메르스 불안에서 벗어나게 돼 참으로 다행입니다. 그동안 수고하신 질병관리본부 등 관계 부처 직원 여러분과 협조해주신 국민 여러분께 감사드립니다. 추석 연휴 기간에도 혹시 모를 모든 일에 물샐틈없이 대처해주시기 바랍니다. 추석 연휴에 정부와 지방자치단체가 할 일은 많습니다. 모든 일에 철저히 대비하겠습니다. 국민 여러분께서 가족과 함께 넉넉하고 편안하게 추석을 지내시도록 정부와 지방자치단체는 늘 깨어 있겠습니다.

■ 하절기 전력 수요 예측 같은 민감한 사안, 특히 정부를 비판하는 목소리가 있는 경우에는 사실관계를 정확히 지적하고 의견을 명확하게 제시했습니다.

사전 보고본: 전력 수요 예측이 빗나갔다는 언론 보도와 관련해, 정부는 전력 수요 예측의 정확도를 높일 수 있는 방안을 검토할 필요가 있다고 방어적으로

작성함.

NY 수정본: 전력 수급 예측 모델은 정확했다고 직접적으로 언급하고, 예측이 빗나간 원인을 설명함.

사전 보고본: 지난달 정부는 올여름 최대 전력 수요를 8830만 KW로 예상했지만, 실제 전력 수요는 이미 9천만KW(최대 9248만KW)를 넘었습니다. 산업통상자원부와 한전 등 관계 기관은 수요 예측에 구조적 문제는 없는지, 변수를 더 반영해 정확도를 높이는 방안은 없는지 등을 잘 검토해주시기 바랍니다.

NY 수정본: 지난달 정부는 올여름 최대 전력 수요를 8830만 KW로 예상했지만, 실제 전력 수요는 9천만KW를 넘었습니다. 산업통상자원부의 전력 수급 예측 모델 자체는 거의 정확한 것으로 판명됐지만, 더위가 예상보다 훨씬 심해지고 길어진 탓입니다.

■ 민감한 사안인 대입 제도 개편 공론화 무익론에 대해서도 의견을 명확히 제시했습니다.

사전 보고본: 공론화를 통해 현재 안과 비슷한 개편안이 나왔지만, 현장의 신뢰와 안정을 확보하는 데 의미가 있는 절차였다고 기술함.

NY 수정본: 공론화 무익론을 이해하나 동의하지 않는다고 입장을 명확히 표명하고, 의미 있는 소득이라고 언급함.

사전 보고본: 일부에서는 현재안과 크게 다르지 않다는 비판도 있지만, 국민들께서 직접 참여해 만든 개편안이 지금과 비슷하다는 것 또한 의미가 있다고 봅니다. 이제 국민의 뜻을 담아 정부가 책임 있게 결정해야 합니다. 이 과정에서 가장 중요한 것은 '현장의 신뢰와 안정'입니다. 교육 문제는 많은 국민들께서 관심을 갖고 계시고, 우리 교육이 나가야 할 방향에 대해서도 의견이 다양합니다. 그래서 소통이 중요하고 그래야만 현장의 신뢰와 안정을 얻을 수 있습니다.

NY 수정본: 일부 언론 등은 공론화가 마치 무익한 낭비였던 것처럼 비판합니다. 저는 그런 비판을 이해하지만 그에 동의하지는 않습니다. 공론화 과정과 결과는 대입 제도에 대한 학생과 학부모, 학교와 교육 전문가 등의 의견이 크게 엇갈리는 현실을 재확인하면서, 동시에 대입 제도 개편의 일정한 방향을 제시했다고 저는 봅니다. 그것 또한 의미 있는 소득이라고 생각합니다. 모든 문제를 이분법적으로 갈라야만 결론이 되는 것은 아니기 때문입니다.

■ 정책에 대해 말할 때는 정책을 추진한 배경과 경위까지 설명했습니다.

사전 보고본: 정책 내용만 간략히 설명함.

NY 수정본: 근로시간 단축, 최저임금 현실화 등 노동정책의 취지와 추진 배경을 추가해 정책 추진의 당위성을 강조함.

사전 보고본: 지난 1년간 노동자의 임금, 노동시간 그리고 지위 등 노동정책의 틀에 큰 변화가 있었습니다.

NY 수정본: 먼저, 최근 노동 현안 및 대응입니다. 지난 1년 동안 비정규직의 정규직 전환, 최저임금 현실화, 노동시간 단축 등 노동정책의 큰 변화가 시작됐습니다. 노동의 불안정성과 노동자의 저임금 및 혹사라는 우리 사회의 오랜 숙제를 해결하기 위한 것이었습니다. 그런 숙제의 해결이 시급하다는 데는 이견이 없었습니다. 작년 대통령 선거에 출마하신 모든 주요 정당 후보들이 비슷한 공약을 하셨던 것이 그 증거입니다.

2. 진전된 메시지

동일한 사안에 대해 이전 회의나 인터뷰에서 말씀한 사항이 있으면 그 내용이나 톤을 참고하되, 이보다 한 발짝 진전된 메시지를 가져가도록 노력해야 한다고 했습니다.

■ 살충제 계란 파동 관련

사전 보고본: 현안조정회의에서 살충제 계란 안건이 회의 전날 급작스레 추가됨에 따라 당일 YTN 인터뷰에서 한 말씀을 참고해 비슷하게 적음.

NY 수정본: 부처별로 조치 사항을 구분해서 상세히, 좀 더 강하게 말씀함. 악재 자체가 정부에 대한 신뢰를 손상하는 것이 아니라, 악재를 잘못 관리하면 신뢰를 훼손하고, 신속히 해결하면 신뢰가 높아진다는 메시지를 추가함.

사전 보고본: 계란에서 살충제 성분이 검출되어 국민들의 불안과 불편이 큼. 하지만 금년 초여름에 발생한 AI를 빠른 시일 내에 해결했듯이 이번 문제도 최대한 빨리 정상화해야 하고, 그렇게 할 수 있다고 믿고 있음. 국민 생활에 불편이 없도록 이번 주까지는 이 문제를 끝내야 하겠음. 먼저, 관계 부처는 오늘까지 전수 검사를 마무리해 문제가 있는 계란은 곧바로 수거, 폐기하고, 문제가 없는 계란은 곧바로 유통시켜 내일부터는 유통 정상화가 시작될 수 있도록 해주시기 바람. 다음으로 문제 있는 계란을 사용한 가공식품도 유통 과정이 추적이 가능하므로 철저히 추적해서 신속히 수거해주시기 바람. 어제도 농림축산식품부와 식약의약품안전처가 기자회견을 해 설명을 드렸지만, 앞으로도 계속 모든 정보를 국민들께 투명하게 공개하고 정확히 설명드릴 것을 당부드림. 이번 주에 안정이 되고 나면, 관계 부처는 즉시 현장 농가의 시설이나 정부의 안전

기준, 점검 체계에 문제가 없는지 살펴보고 재발 방지를 위한 근본적 대책을 마련해주시기 바람

NY 수정본: 이 문제에 대해서는 농림축산식품부와 식약의약품안전처가 며칠째 대응하고 있음. 이제부터 농림축산식품부는 산란계 농장에 대한 조사와 조치를, 식약의약품안전처는 계란 유통 과정과 계란 가공식품에 대한 조사와 조치를 철저하고도 신속하게 마무리해 **국민의 불안과 불편을 최단 시일 안에 없애드려야 함.** 살충제 파동이 끝날 때까지 조사와 조치의 과정과 결과를 날마다 일정한 시각에 **투명히 언론에 공개해 국민들께서 실시간으로 정보를 공유하실 수 있도록 해주기 바람.** 지금처럼 계란의 생산과 유통이 모두 문제인 단계에서는 농림축산식품부와 식약의약품안전처와 행정안전부가 공동으로 언론 브리핑을 하고, 생산의 문제가 종료된 뒤에는 식약의약품안전처가 발표 창구를 맡는 것이 자연스러울 것이라고 생각함. 과거 정부로부터 계속돼온 잘못도 있고, 새 정부에서 잘못한 것도 있을 수 있음. 새 정부의 잘못은 물론이고, 과거 정부의 잘못까지두 국민들께 솔직하고 철저하게 그리고 겸허하게 사과를 드리기 바람.

정부는 연속성을 갖는 것임. 금주 안에 살충제 파동이 종료되고 계란 수급이 완전 정상화되면 그것으로 끝났다고 생각하지 말고, 연관되는 문제들에 대한 대대적인 점검에 나서기 바람. 혹시라도 살충제 계란이 들어간 가공식품이 시중에 남아 있지

는 않는지, 닭고기는 안전한지, 학교 급식에 살충제 계란이나 그런 계란이 포함된 가공식품이 제공될 가능성은 없는지 등을 철저히 점검해야 할 것임. 근본 문제로서 농림축산식품부는 밀집 축산을 해소하고 진정한 친환경 복지 축산으로 유도하는 방안, 농장에 CCTV를 설치해 축산 안전을 실시간 점검하는 방안 등을 강구해주기 바람. 식약의약품안전처는 식품 안전을 획기적으로 담보할 방안을 찾아주시기 바람. 과거 정부에서도 했던 방식이므로 그대로 한다는 전례답습주의를 타파하고 세계 최고 수준의 식품 안전을 이루겠다는 결의로 임해주기 바람.

올해 문재인 정부 출범과 동시에 전국적으로 AI가 발생했지만, 우리는 전례 없이 빨리 그 AI를 종식시킨 경험이 있음. 이번 살충제 파동은 AI보다 통제하기가 더 쉬운 문제임. 금주 안에 살충제 파동을 종료시킬 수 있다고 봄. 저도 경험한 바이지만 악재 자체가 정부에 대한 신뢰를 손상하지는 않음. 악재를 잘못 관리했을 때 정부에 대한 신뢰가 훼손되고, 악재를 신속하게 해결하면 정부에 대한 신뢰는 오히려 높아지는 것임. 식품의약품안전처와 농림축산식품부 등 관계 부처의 능력을 보여주기 바람.

3. 글 전체 구조와 강약 조절

안건이 둘 이상인 회의의 경우, 먼저 논의 안건 전체에 대한 개관을 말씀합니다. 안건이 4개 이상이고, 안건의 성격이나 중요성에 차이가 클 때는 모든 안건에 대해 메시지를 내리려고 하기보다는 중요한 안건을 중심으로 메시지를 집중하고, 의례적이고 통상적인 안건은 왜 이 안건을 올리는지 정도만 소개하고 넘어가도 될 듯하다고 했습니다.

■ 성격과 중요도가 다른 안건이 여럿인 경우

사전 보고본: 현안조정회의 안건이 4개였는데, 전체 안건에 대한 개관 없이 '수능 개편 → 최근 현안 2건(신고리와 사드 배치) → 고층 건축물 화재'로 중요하다고 생각되는 순서에 따라 말씀자료를 작성해서 보고함.

NY 수정본: 전체 안건에 대해 성격별로 분류하고 구조화해 개관한 후, 잘라낼 것은 과감히 잘라내고(최근 현안 2건과 '고층 건물 화재'는 안건을 왜 올렸는지 정도의 간단한 소개만 하고) 말하고 싶은 수능 개편 안건에 대해 말씀을 집중함.

NY 수정본: 오늘 회의 안건은 모두 4건입니다. 그러나 그 성격으로 분류하자면 세 가지 부류로 나뉩니다. 첫째 이전 현안조정회의에서 한번 논의된 바 있는 사안을 소관 부처가 최종 정리해 보고하는 안건입니다. 제1호 안건, 고층 건축물 화재 안전 대책이 바로 그것입니다. 큰 토론이 필요하지 않을 것으로 보입니다. 둘째는, 국무위원 여러분께서 이미 아시는 내용이지만, 국민 사이에 민감한 현안이 돼 있어서 정부 내부의 인식과 정보의 공유가 긴요한 사안입니다. 제2호 안건, 사드 배치 문제, 제3호 안건, 신고리 원전 5, 6호기 문제가 그것입니다. 이 문제는 국무위원 여러분께서 좀 더 많이 이해해주시길 바라는 뜻에서 오늘 회의에 상정했습니다. 셋째는 활발한 토론이 필요한 안건입니다. 제4호 안건, 2021학년도 수능 개편 시안이 그것입니다.(이하 수능 개편에 대해서만 죽 말씀함.)

■ 새로운 현안이 당일 아침에 추가된 경우

사전 보고본: 규제 개혁, AI, 교육 현안 세 가지 안건별로 말씀자료를 썼는데, 그날 아침에 사드 임시 배치 관련 내용이 추가로 들어오면서 모두발언 꼭지가 4개로 많아지고 늘어짐.

NY 수정본: 사드 임시 배치와 관련해 정부 입장과 앞으로 할 일 등에 대해 공들여 말씀하고, 나머지 안건은 어떤 취지로 상정했는지 정도로 소개하고 넘어감. 이런 경우는 사실상 실무진이 사전에 어쩔 수는 없다고 봄.

4. 구체성과 명확성

모든 사안에 대해 통계를 인용하고 구체적으로 써야 하는 것은 아니지만, 민감한 사안이나 국민들에게 전달하려고 하는 메시지가 있는 경우에는 반드시 구체성과 명확성을 유념해 작성했습니다.

▨ 특수학교 설립 관련 대국민 호소

사전 보고본: 사전 보고 때 '학교 가는 데 1시간 이상 걸리는 학생 비율이 특수학교가 일반학교의 3배가 넘는다'고 표현했다가 최종 보고 때 삭제함.

NY 수정본: 국민들께 특수학교 설립과 관련해 호소할 때 구체적 통계를 인용해가며 말씀하고 싶었다고 함. 통계의 정확성과 삭제한 것에 대해 지적함.

NY 수정본: 통계를 보면, 학교에 가는 데 1시간 이상 걸리는 학생의 비율이 일반 초중고교는 3.2퍼센트지만, 특수 초중고교는 11.6퍼센트입니다.

■ 살충제 계란 관련 정부의 조치 사항

사전 보고본: 정부가 조치를 취해온 부분에 대해 간단히 언급하고, 혼선이 있는 점과 이를 어떻게 받아들여야 할지에 대해 다소 남 일처럼 얘기함.

NY 수정본: 정부가 조치한 부분에 대해 보고하듯이 상세히 설명함. 안심시키기 위한 조치였으나 그 과정에서 일부 혼선이 있었고 피해를 드린 점도 설명함. 총리가 사태 수습의 주체로서 국민들께 보고하고 사과할 것을 사과하는 입장이라고함.

사전 보고본: 열흘 전 계란에서 살충제가 검출된 이후, 정부가 출하 중지, 전수 검사 등 긴급 조치를 취했지만, 국민들의 불신이 사그라들지 않고 있음. 정부는 이를 대단히 아프고 엄중하게 받아들이고 소비자 입장에서 불신이 어디에서 발생하는지 면밀히 살펴야 함.

NY 수정본: 일부 계란에서 살충제가 검출된 지 오늘로 열흘이 됐음. 열흘 동안 저희들은 1239개 산란계 농장에 대한 계란 출하 중지와 전수 검사를 실시해 부적합 판정을 받은 52개 농장의 계란을 전량 폐기했고, 적합 판정을 받은 계란을 시장에 출하하도록 허용했음. 계란의 유통 경로를 추적해서 빵과 과자 같은 가공식품에 부적합한 계란이 들어갔는지 점검하고 필요한 조치를 취했음. 이러한 조치들은 국민 여러분을 안심시키고 시장을 안정시키기 위한 응급조치였음. 응급조치 과정에서 일부 부정확한 발표와 혼선이 빚어져 국민 여러분의 우려와 분노를 키웠고 몇 곳 농장에 선의의 피해를 드렸음.

■ 하절기 전력 수급 관련

사전 보고본: 신고리 5, 6호기 공론화가 올여름 전력 수급 상황과는 관계가 없지만, 그래도 요즘 이런 우려가 있으니 (그 우려가 옳든 그르든) 올해부터 걱정 없이 잘하자 하고 건너뛴 상황임.

NY 수정본: 신고리 5, 6호기와 올여름, 내후년까지 전력 수급과는 아무 관계가 없다고 짚어주고 '그럼에도 불구하고' 하면서 이어감. 실제 YTN 등 언론 방송에는 강조한 부분만 나옴.

사전 보고본: 올여름 폭염으로 전력 수요가 급격히 증가할 가능성이 있고, 최근 신고리 5, 6호기 공론화 등으로 안정적 전력 공급에 대한 우려도 제기되고 있음. 정부는 올여름 전력 수급에 차질이 없도록 사전 점검과 위기관리에 만전을 기해야 하겠음.

NY 수정본: 올여름 폭염이 예상됨. 전력 수요가 급격히 늘어날 가능성이 있고, 신고리 5, 6호기 문제가 공론화 과정으로 들어가게 됩니다만, 물론 신고리 5, 6호기는 올여름이나 내년 여름 또는 내후년 여름의 전력 수요와는 무관한 것임. 예정대로 공사를 하더라도 준공이 2021년이기 때문에, 흔히들 생각하는 것처럼 공사를 잠정 중단하는 것만으로도 올여름 전력이 부족하지 않겠느냐는 우려가 있는데, 그것은 전혀 사실과 다름. 그럼에도 불구하고 **여름에는 전력 수요가 높아지기 때문에 전력**

의 차질 없는 공급에 대해 국민들이 안심하시도록 할 필요가 있겠다는 생각을 함.

■ 서울-세종 간 고속도로 관련

사전 보고본: 쟁점이 되는 부분만 씀. '혜택을 볼 수 있게 하려는'이라는 표현은 그땐 몰랐는데 다시 보니 어색하고 시혜적 시각의 말로 보임.

NY 수정본: 전체를 오해 소지 없이 풀어서 말씀함. '도움을 드리자는'으로 바꿔 읽음

사전 보고본: 정부가 서울-세종 간 고속도로를 민자 사업에서 도로공사 사업으로 전환해 추진하려는 것도 국민들의 통행료 부담을 경감하고, 도로 완공 시기를 앞당겨(1년 6월) 더 많은 국민들이 더 빨리 혜택을 볼 수 있게 하려는 것임.

NY 수정본: 정부가 서울-세종 간 고속도로를 일부는 도로공사 사업, 일부는 민자 사업으로 추진하던 방식에서 전 구간을 도로공사 사업으로 전환하기로 한 것은 이용자들의 통행료 부담을 경감하고 완공 시기도 앞당겨 좀 더 많은 국민들께 빨리 도움을 드리자는 취지임.

▥ 괄호 안의 날짜는 밖으로 빼서 읽고, 정책 대상 등은 명확히 밝혔습니다.

사전 보고본: 지난주 회의(7.6)에서 교통안전을 포함한 국민 안전 대책을 점검했는데, 며칠 뒤(7.9) 졸음운전으로 인한 교통사고가 발생했음.

NY 수정본: 지난주 이 회의를 가졌던 게 7월 6일이었음. 그날은 교통안전을 포함한 국민 안전 대책을 점검했었는데, 점검한 지 사흘 만에 졸음운전으로 인한 교통사고가 크게 났음.

사전 보고본: 또한 저의 지시(7.3)에 따라

NY 수정본: 또한 지난 3일 저의 지시에 따라서

사전 보고본: 몰래카메라가 (중략) 곳곳에서 여성들을 위협하고 있습니다.

NY 수정본: 몰래카메라가 (중략) 곳곳에서 특히 여성들을 위협하고 있습니다.

사전 보고본: 지난달 생리대 유해성 논란이 촉발되면서 국민들의 불안과 혼란이 계속되었습니다.

NY 수정본: 생리대 안전성 조사 결과는 아직 조사가 끝나지 않았습니다. 그러나 여성들께서 많이 불안해하시기 때문에~.

■ 고용 상황 변화에 대해서도 구체적으로 설명했습니다.

사전 보고본: 고용의 양과 질이 나아지고 있으나 연령별, 분야별 체감이 다르다고 추상적으로 작성함.

NY 수정본: 고용의 양과 질이 어떻게 달라지는지 구체적으로 설명함. 취약 계층을 임시 일용직 외에 제조업 근로자, 자영업자 등 소상공인으로 풀어서 기술함.

사전 보고본: 최근 고용 상황에 대해 우려하시는 목소리가 많습니다. 그러나 고용률과 상용근로자 수 등 큰 틀에서 보면 고용의 양과 질이 나아지고 있는 것이 사실입니다. 하지만 어느 사회나 빛과 그림자가 있듯이 연령별, 분야별로 체감하는 고통도 다를 것입니다. 특히 우리 경제의 허리라 할 수 있는 40대와 취약 계층인 임시·일용직에서의 신규 취업자 수가 감소한 것은 뼈아픕니다.

NY 수정본: 이런 변화에 국민의 생활은 큰 영향을 받습니다. 오늘 회의에서 토의하려 하는 고용은 가장 큰 영향을 받는 분야의 하나입니다. 고용률과 상용근로자는 추세적으로 늘고 있습니다. 임금근로자의 근로소득도 올라가고 있습니다. 그러나 취업자 증가 폭은 급격히 좁아지고 있습니다. 최근에는 실업자도 늘었습니다. 조선과 자동차 같은 제조업 근로자, 자영업자 등 소상공인, 임시직과 일용직이 큰 타격을 받고 있습니다.

■ 추진 중인 정책의 내용은 구체적으로 서술하는데 좀 더 정확을 기하기 위해 장단기로 구분해 설명했습니다.

사전 보고문: 입국장 면세점 설립 허용, 인터넷전문은행에 대한 지분 보유 한도 확대(4퍼센트→34퍼센트), 첨단 의료기기 인·허가 기간의 대폭 단축(390일→80일) 등이 그 예입니다.

NY 수정본: 입국장 면세점 설립을 허용한다든가, 인터넷전문은행의 산업자본 지분 보유 한도를 4퍼센트에서 34퍼센트로 확대한다든가, 첨단 의료기기 인·허가 기간을 390일에서 80일로 대폭 단축한 것 등입니다.

사전 보고본: 지난 1년간 노동자의 임금, 노동시간 그리고 지위 등 노동정책의 틀에 큰 변화가 있었습니다.

NY 수정본: 지난 1년 동안 비정규직의 정규직 전환, 최저임금 현실화, 노동시간 단축 등 노동정책의 큰 변화가 시작됐습니다.

사전 보고본: 현재 협력 업체와 소상공인 경영자금 지원, 근로자 생활자금 지원, 재취업 훈련 등이 이뤄지고 있습니다만, 정책 효과의 체감도는 높지 않은 것 같습니다.

NY 수정본: 그 내용은 단기적으로 협력 업체와 소상공인 경영자금 지원, 근로자 생활자금 지원과 재취업 훈련, 그리고 중

장기적으로는 대체 또는 보완 산업 육성 등이 포함되어 있습니다.

■ 괄호 안 참고 수치 등은 밖으로 꺼내 구어체로 풀어 표현했습니다.

사전 보고본: 그러나 최근 조사(2018, 머니투데이·사람인 공동)에 따르면, 20~30대 청년의 절반이(48퍼센트) 창업을 꺼리고 있습니다. 그 주된 이유가(45.6퍼센트) '실패하면 재기하기 어려워서'라고 합니다.

NY 수정본: 그러나 올해 한 신문의 조사에 따르면, 20~30대 청년의 48퍼센트는 창업을 꺼리고, 그 가운데 45.6퍼센트는 '실패하면 재기하기 어려워서' 창업을 꺼린다고 응답했습니다.

사전 보고본: 지난 1년간의 지원 대책을 통해 피해자로 인정받으신 분은 두 배로(280명→607명) 늘었고, 천식 등이 피해 질환에 추가돼 지원 범위도 확대됐습니다. 인과관계가 명확하지 않아도 개연성이 있으면 피해자로 인정하고 손해배상 시효(20년→30년)를 연장하는 '가습기살균제 피해구제 특별법' 개정안도 곧 공포해 시행할(2019.2) 계획입니다.

NY 수정본: 지난 1년의 노력에 따라 피해자로 인정받으신 분은 280명에서 607명으로 늘었고, 천식 등이 피해 질환에 추가돼 지원 범위도 확대됐습니다. 인과관계가 명확하지 않아도 개연성이 있으면 피해자로 인정하고 손해배상 시효(20년→30년)를 연장하는 '가습기살균제 피해구제 특별법' 개정법도 이미 확정돼 내년 2월부터 시행됩니다.

사전 보고본: 조선, 자동차 등 주력산업의 구조조정 여파로 여러 지역이 어려움을 겪고 있습니다. 정부는 이러한 지역을 돕기 위해 1조 원 규모의 추경은 물론, 최근 예비비(1730억 원)까지 편성했습니다.

NY 수정본: 정부는 조선과 자동차 등 주력산업의 구조조정으로 어려움을 겪는 지역을 돕기 위해 1조 원 규모의 추경을 편성했고 1730억 원의 예비비를 집행하고 있습니다.

■ 당부 사항을 말하면서 현장의 왜곡과 부실을 없애기 위해 정부의 조치를 구체적으로 제시했습니다.

사전 보고본: 정부의 대책이 현장에서 지켜지리라 생각하는 것은 착각입니다. 안 지켜질 거라고 가정하고 이에 대비한 세부적인 대책까지 만들어야 합니다. 각 부처는 안전에 대한 대책을 만들 때 이 점을 필히 명심해주시기 바랍니다.

NY 수정본: 대책을 내놓으면 현장에서 그대로 이행될 것이라고 너무 믿지 마시기 바랍니다. 현장에는 왜곡과 부실의 소지

254

가 늘 도사리고 있습니다. 현장의 왜곡과 부실을 없애려면 행정의 모든 단계가 숙지, 이행, 점검, 확인을 해야 합니다.

■ 하절기 전력 수급 관련

사전 보고본: 폭염 상황에 대한 언급 없이 바로 전력 수요 문제를 언급함.
NY 수정본: 도입부에 전력 문제가 대두된 배경을 설명하고, 무더위 상황을 구체적으로 기술함.

NY 수정본: 예전에 겪은 적이 없는 땡볕 더위가 연일 계속되다 보니 국민들께서도 전력 수급에 매우 예민해지셨습니다. 어제 강원도 홍천이 관측 이래 최고 기록인 41도를 기록했고, 그끄저께 한반도에서 가장 추운 곳으로 알려진 북한 자강도 중강은 40.2도까지 올라간 것으로 파악되고 있습니다.

5. 쉽고 간단하게 쓰기

뻔한 말, 하나 마나 한 말을 어렵고 복잡하게 쓴 것은 아닌지, 글에 군더더기나 불필요한 중복이 없는지 살펴봅니다.

사전 보고본: 국토교통부 등 관계 부처는 안전에 대한 비용은 비

용이 아닌 투자라는 인식하에 국회, 민간 기업 등과 긴밀히 협조해 대책이 실질적으로 이행될 수 있도록 각고의 노력을 해주시기 바람.

NY 수정본: 이 문제 또한 국회나 민간의 협조를 잘 얻도록 관련 부처에서 노력해주시기 바람.

사전 보고본: 이제 정부는 운전자를 졸음운전으로 몰아넣는 열악한 근로 여건과 운행 환경을 크게 바꾸는 것과 함께 육체적으로 졸음운전이 발생하더라도 비상 제동장치나 경고장치 등 첨단기술을 활용해 졸음운전이 사고로 이어지는 일을 대폭 줄여나가야 하겠음.

NY 수정본: 과학적으로 접근해서 추돌 방지장치를 부착, 특히 운수 업종을 근로시간 제한 예외 업종으로 두지 않고 그분들께 쉬는 시간을 확보해드리는 방향으로 추진을 하겠음.

사전 보고본: 갑질 관련자에 대해서는 조사를 완료하고 징계 절차가 진행 중에 있기나, 조사가 신행 중입니다. 관계 부처는 조사가 진행 중인 사안들에 대해서는 철저히 조사해서 엄중하게 조치해주시기 바랍니다.(*'진행 중'이라는 표현이 세 번 반복된다고 지적함.)

NY 수정본: 갑질 관련자에 대해서는 조사를 완료하고 징계 절차가 진행을 하고 있거나, 조사를 하고 있습니다. 관계 부처는 조사 중인 사안들에 대해서는 철저히 조사해서 엄중 조치해주시기 바랍니다.

사전 보고본: 깨진 유리창 한 장이 큰 범죄로 이어질 수 있다는 '깨진 유리창의 법칙'은 사소한 범법 행위들도 방치해서는 안 된다는 시사점을 줍니다. 촬영과 유포, 단속과 처벌, 피해자 지원 등 곳곳의 깨진 유리창을 고치기 위해 가장 효과적인 방법이 무엇일지 정부와 민간이 함께 머리를 맞대야 합니다.

NY 수정본: 깨진 유리창의 법칙이란 게 있음. 유리창이 깨진 걸 보면, 다른 사람들도 유리창을 훼손하기 쉬워진다는 그런 법칙임. 몰래카메라 범죄가 깨진 유리창처럼 더 창궐하기 전에 그걸 제지해야 될 시기가 됐음.

사전 보고본: 최근 학생들이 공부하는 학교에서 석면 해체 작업을 한 후에도 석면 분진이 검출된다는 문제가 제기된 바 있습니다.

NY 수정본: 최근 여러 학교에서 석면 해체 작업이 끝난 뒤에도 석면 분진이 검출된다고 지적돼왔습니다.

사전 보고본: 최근 상가 계약 연장 문제로 곳곳에서 분쟁(궁중족발 사건 등)이 생기고, 심지어는 사람까지 다치는 불행한 사건들이 일어나고 있습니다.

NY 수정본: 우리는 궁중족발 사건을 기억합니다. 노량진 수산 시장의 답답한 상태도 아실 것입니다. 강제 집행 제도가 부딪친 문제들입니다.

사전 보고본: 건강보험의 보장성을 높이는 것만큼, 재정을 꼭 필요한 곳에 잘 사용하는 것 역시 중요한 과제입니다. 국내 체류 외국인이 220만 명을 넘었고(법무부, 2018.4), 인도주의 차원에서도 이들에게 양질의 의료 서비스를 제공해야 합니다.

NY 수정본: 국내 체류 외국인이 220만 명을 넘어섰습니다. 외국인들께도 좋은 의료 서비스를 제공해드려야 하는 것은 당연합니다.

사전 보고본: 오늘은 지역 대책의 추진 상황을 점검하고, 체감도를 높이는 방안을 논의할 것입니다. 제가 강조하고 싶은 것은 속도입니다. 추경과 예비비 등을 신속히 집행해 현장에서 효과를 실감할 수 있도록 해주시기를 거듭 당부드립니다.

NY 수정본: 대체 또는 보완 산업 육성은 그 효과가 금방 나타나기 어렵습니다. 그러면 단기 대책의 효과는 좀 더 빨리 나타나야 하는데, 경기 위축 등으로 그 효과가 제대로 체감되지 못하고 있습니다.

사전 보고본: 정부는 희망적인 수치에 안주하는 것도, 비관적인

수치에 지나치게 위축되는 것도 경계하면서, 시장과 고용 상황을 냉철히 직시해야 하겠습니다. 통계로 나타난 결과는 결과대로 받아들이면서, 그 이면에 감춰져 숫자로는 나오기 힘든 원인까지도 면밀히 살펴봐야 합니다. 그렇게 해서 만들어진 대책이라야 최근 고용 어려움으로 고통받는 분들을 조금이라도 보듬고, 그분들이 정부를 믿고 다시 일어서시는 데 힘을 보태드릴 수 있을 것입니다.

NY 수정본: 희망적 수치에 안주하지도 말고, 비관적 수치에 위축되지도 말며, 현실을 냉철히 직시하고 현실에 맞게 대처해야겠습니다. 통계는 통계대로 받아들이면서, 통계에 잡히지 않는 흐름도 놓치지 말아야겠습니다. 고통을 겪으시는 국민 한 분 한분을 도와드리기 위해 정부가 쓸 수 있는 모든 정책을 가장 현명히 써야겠습니다.

사전 보고본: 법치 사회에서 법의 집행력을 확보하는 것과 그 과정에서 인권을 보호하는 것은 어느 것도 소홀히 할 수 없는 중요한 가치입니다. 이 두 가지 가치의 균형과 조화를 통해 폭력으로 인한 불행은 없어져야 합니다.

NY 수정본: 한편에서는 법이 제대로 집행되지 못하는 무기력한 상태에 놓이고, 다른 한편에서는 법 집행의 이름으로 인권이 침해되거나 사람이 다치는 일이 생깁니다. 법 집행과 인권 보호, 이 두 가지 가치가 충돌하는 것입니다. 이것은 조정하

기 쉬운 문제가 아닙니다. 그러나 지금처럼 놓아둘 수도 없습
니다.

6. NY의 경험이나 공을 들인 업무

현안을 말할 때에도 진단을 넘어 자신이 다녀온 현장과 현장
의 반응까지 곁들여 자세히 소개했습니다.

■ 현장 행보가 있었던 가뭄 관련

사전 보고본: 현재 가뭄이 매우 심각함. 여러 노력을 기울이고
있으나 당분간 가뭄이 지속될 것으로 예상됨. 가뭄 극복은 적
기 지원이 중요함. 최악의 상황에 대비해 추가 대책을 마련하
고 신속히 집행할 필요가 있음.

NY 수정본: 오늘 회의 안건 중에 가뭄, 굉장히 전국적으로 심
각하다 이렇게 말씀드릴 수가 있겠음. 제가 경기도, 충청도, 전
라남도의 가뭄 현장을 직접 다녔고, 대구와 경북도 가뭄과 유
관한 곳을 제가 다녀왔음. 전국적으로 작년에 비해 강우량이
절반 이하로 떨어져 있음. 평년에 비해서도 더 나쁜 상황임. 당
장은 농업용수의 부족 문제이고 일부 지방은 공업용수가 부족
해질지 모른다는 불안감을 갖고 있고, 또 어떤 지방은 먹는 물

에 조류가 유입되지 않는가 하는 불안감이 생기고 있는 곳도 있음.

사전 보고본: 폭염 일수, 열대야 일수, 최고 기온 등 모든 기록을 갈아치운 가장 뜨거운 여름이 계속되고 있습니다. 정부는 폭염 상황을 일일 점검하고, 필요한 조치를 취해왔습니다. 하지만 현장에서 대책의 실행력을 더 높이는 노력이 요구되고 있습니다.

NY 수정본: 저는 여름휴가를 겸해서 어제까지 호남, 영남, 충청, 강원 지방을 찾아서 지역 관광의 실태를 보고 들으며 많은 사람들을 만났습니다. 이동 중에는 산과 들, 강과 바다를 유심히 살폈습니다. 논농사는 그럭저럭 견디지만, 밭농사는 큰 타격을 받고 있습니다. 강은 바닥을 드러내 농사와 가을 축제에 대한 걱정을 키우고, 바다도 뜨거워져서 어류가 죽어가고 있습니다. 농림축산식품부와 해양수산부는 농사와 어업의 피해가 커지지 않도록 끊임없이 챙겨주시기 바랍니다. 녹조를 줄이면서도 강변의 농사와 가을 축제를 망치지 않도록 환경부는 시기와 구간에 따라 강의 수위와 수량을 현명히 조절해주시면 좋겠습니다.

■ 가습기 살균제 문제와 관련해, 과거의 과오를 되풀이하지 않겠다는 말만 할 것이 아니라 구체적 대책 기관을 제시했습니다.

NY 수정본: 우리 총리실이 앞으로 국민안전안심위원회 등을 만들어서 이런 문제를 총괄하겠습니다만, 예전처럼 국민들의 불안을 생각한다는 미명하에 뭔가를 은폐하거나 늦추거나 하는 바보 같은 일이 다시는 없어야 합니다.

■ 쌀 수급 안정 대책 관련

사전 보고본: NY의 지시에 의해 이뤄진 식량원조협약 가입에 대한 얘기를 넣기는 했으나 수동적으로 표현하고, 포커스(개발도상국 지원보다는 쌀 수급 문제 해결)를 잘못 맞춤.

NY 수정본: 협약 가입은 오랜 숙원이었다는 것과 그 기대 효과에 대해 강조함.

사전 보고본: 지난달 국무회의에서 식량원조협약(FAC) 가입안이 의결되었습니다. 국회 비준을 거쳐 연내 가입이 마무리되면, 내년부터 연간 5만 톤의 해외 원조가 시작됩니다. 우리 농민은 물론 식량 부족으로 고통받는 개발도상국에게도 도움이 될 것이라고 생각합니다.

NY 수정본: 최근에 우리 정부가 새 정부 들어서 오랜 숙원이었던 식량원조협약 가입안을 의결했습니다. 이제 곧 국회 동의를 얻으면 효력을 발생하게 됩니다. 효력이 발생하면 해마다 5만 톤 정도의 쌀을 중진국과 개발도상국에 우리가 지원할 수 있게 됩니다. 그러면 쌀의 수급 조절에도 좀 더 숨통이 트이지 않을까 생각합니다. 이건 쌀의 수요 측면에서의 조치가 되겠습니다.

7. 대구와 운율

NY는 말과 글에서 대구와 운율을 살려 메시지를 훨씬 더 압축적으로 전달했습니다.

사전 보고본: 촛불혁명으로 탄생한 문재인 정부에 대한 노동계를 비롯한 각계의 기대가 매우 큼. 이러한 기대를 잘 알기에 정부는 대화와 소통을 통해 문제를 해결하기 위해 역대 어느 정부보다 노력하고 있음. 국민들은 정부에 대한 기대도 크지만 노동계에 대해서도 새로운 모습을 기대하고 있음. 이번 집회에서 노동계가 법과 질서를 존중하는 가운데 평화롭고 효과적으로 의사를 표현할 수 있을 것으로 기대함.

NY 수정본: 촛불혁명으로 탄생한 문재인 정부에 대한 노동계의 기대가 큰 것처럼 노동계에 대한 문재인 정부의 기대 또한 큼. 정부에 대한 국민의 기대가 높은 것처럼 노동계에 대한 국민의 기대도 높음. 이것을 정부와 노동계가 깊게 유념해줬으면 함.

사전 보고본: 수직적이고 군림하는 문화를 수평적이고 인간 존중의 문화로 바꿔나가야 합니다.
NY 수정본: 수직적인 비인간적 문화를 수평적인 인간 중심의 문화로 바꿔나가야 합니다.

사전 보고본: 이번 집회에서 노동계가 법과 질서를 존중하는 가운데 평화롭고 효과적으로 의사를 표현할 수 있을 것으로 기대함. 정부는 노동계의 목소리에 귀를 기울이고 노력할 것임. 또한 집회로 인한 국민들의 피해나 불편이 최소화하도록 해나가겠음.
NY 수정본: 이번 집회로 혹시 국민들의 피해나 불편이 생기지 않도록 관련 부처는 세심히 배려해주시고, 집회를 하시는 노동계 인사들 또한 이 점에 배려가 있기를 바람.('배려'를 키워드로 삼음.)

■ NY 말씀 중 대구와 운율이 있는 문장들 사례

그 중요 원인의 하나로 이른바 '위험의 외주화'가 지목된 지 오래됐고, 중요 해결책의 하나로 원청자와 발주자의 책임 강화가 논의된 지도 오래됐습니다.

문재인 정부가 추구하는 경제를 소득 주도 성장이라고 하면 전략에 관한 문제일 것이고, 사람 중심 경제라 하면 철학의 문제일 것입니다.

내 아이를 장애아로부터 멀리 떼어 놓는 것이 내 아이를 좋은 사회인으로 키우는 데 도움이 될 것이라는 교육 이론은 세계 어디에도 없습니다.

부상을 당하신 모든 분의 조속한 쾌유를 기원합니다. 역시 몸을 다치신 경찰관 여러분의 빠른 회복도 기원합니다.

안전과 안심을 위협하는 요소는 끊임없이 새로이 생겨나고, 그것을 관리하고 통제하는 인류의 지혜와 역량 또한 끊임없이 발전합니다.

악재를 잘못 관리했을 때 정부의 신뢰가 훼손되고, 악재를 신속히 해결하면 정부의 신뢰는 오히려 높아지는 것입니다.

익숙해지고 대처에 능숙해지는 것이 아니라 오히려 안보 불안에 둔감해지고 대처에 무심해지는 것이 현실입니다.

일자리 창출을 최우선의 국정 과제로 설정한 문재인 정부가 이러한 적폐를 청산하지 못한다면, 국민들께서는 정부에 대한 신뢰도, 대한민국에 대한 희망도 가지시기 어려울 것입니다.

8. 문법(존칭 포함)과 구어체

NY는 2017년 9월 23일 '차세대 리더 육성 멘토링 리더십콘서트' 개회식 축사에서 경어 쓰는 것을 보면 그 사람의 됨됨이를 알 수 있다고 말했습니다. 그만큼 경어 표현을 문법에 맞게 쓰는 일을 중요시합니다.

"우리 한국말에서 가장 중요한 뼈대 중의 하나는 '존경어의 일치'입니다. (중략) 저와 함께 일하는 젊은 사람들이 저한테 야단을 가장 많이 강하게 맞을 때가 언제냐면 존경어가 틀린 문장을 써 올 때입니다. 왜냐하면 그 정도의 사람이면 다른 것은 볼 것도 없기 때문입니다. '여러분에게 저의 말씀을 드렸습니다.' 이 말은 맞습니까, 틀립니까? 틀립니다. '여러분'의 '분'은

높임말이고, '에게'는 낮춤말이고, '드립니다'는 또 높임말입니다. 이건 존경어의 일치가 어긋난 말입니다. 이렇게 말하는 사람을 무지한 사람이라고 부릅니다."

사전 보고본: 문재인 정부는 방송계, 유통업계, 산업계 등 사회 곳곳의 갑질문화를 뿌리 뽑는 숙제들을 시작했습니다.
NY 수정본: 문재인 정부는 유통업계, 방송계, 산업계 등 사회 곳곳의 갑질문화를 뿌리 뽑는 숙제들을 풀기 시작했습니다.

사전 보고본: 정부는 이런 제약에도 불구하고, 지역의 경제적 충격을 완화하는 동시에 지역 주민들이 공감할 수 있는 대책을 마련하기 위해 고심에 고심을 거듭하고 있음.
NY 수정본: 그럼에도 불구하고 정부는 지역 경제의 충격을 완화하면서 지역 주민들께 위안이 될 수 있는 대책을 마련하기 위해 나름대로 고심해온 것인 사실임.

사전 보고본: 국민 입장에서 지나치다 싶을 정도로 안전 관리의 전 과정을 점검해서
NY 수정본: 국민 입장에서 지나치지 않은가 싶을 정도로 안전 관리의 모든 과정을 점검해서

사전 보고본: 기획재정부, 산업통상자원부 등 관계 부처는 미국

과 중국 간 무역 동향을 면밀히 모니터링하고, 양국 간 무역 악화 가능성이 현실화될 경우에 대비하여 우리 경제에 미치는 영향과 대응 방안을 미리 준비해주시기 바람.

NY 수정본: 기획재정부, 산업통상자원부 등 관계 부처는 미국과 중국 간 무역 동향을 긴밀히 점검하면서 우리 경제에 미칠 영향을 분석하고 대응 방안도 미리 준비해주시기 바람.

사전 보고본: 그러나 제도의 허점을 악용하는 사례들이 있어왔고, 오히려 우리 국민들께서 차별받고 있다는 지적도 있었습니다. 보건복지부와 국무조정실이 함께 현장을 점검해 보완 방안을 마련했습니다.

NY 수정본: 그러나 제도의 허점을 악용하는 일이 있고, 오히려 내국인들께서 차별받고 계신다는 지적도 듣습니다. 보건복지부와 국무조정실이 함께 현장을 점검하고 보완 방안을 강구했습니다.

사전 보고본: 세종 이전 부처의 장관님들은 세종에서 직원들과 함께하는 시간을 늘려주시고 최대한 근무지에서 참석해주시기 바랍니다.

NY 수정본: 세종으로 옮긴 부처의 장차관님들은 세종에서 직원들과 함께 계시는 시간을 최대한 늘려주시기 바랍니다.

사전 보고본: 지난해 말과 올해 초 환경미화원이 근무 중 목숨을

잃는 안타까운 일이 있었습니다.

NY 수정본: 환경미화원들께서 근무 중에 목숨을 잃으시는 일이 계속되고 있습니다.

사전 보고본: 노동계에 당부드립니다. 내년 최저임금 결정 등 함께 풀어나가야 할 과제가 많습니다. 아시다시피 문재인 정부는 역대 어느 정부보다 노동자 삶의 질 향상에 관심이 많고, 이를 위해 노력하고 있습니다. 노동계가 대승적 차원에서 협조하셔서 함께 문제를 풀어나가길 바랍니다.

NY 수정본: 노사 양측에 부탁드립니다. 노동정책의 변화가 연착륙하도록 함께 지혜를 내어주시고 협조해주시기 바랍니다. 정부는 노동자를 포함한 저소득 국민의 삶을 개선하는 길을 흔들림 없이 가되, 우리 경제의 감당 역량을 면밀히 살피며 지혜롭게 그 길을 갈 것입니다. 노동정책의 변화가 안착하도록 내각의 모든 부처가 소관 분야에서 도울 방법을 찾아서 함께 도와주시기 바랍니다.

총리실에서 지킨 말씀자료 작성시 유의점

구분	× (이렇게 쓰면 안 됩니다)	○ (이렇게 쓰세요)	비고
문법	관계부처에서는 ○○부에서는	관계부처는 ○○부는	
	현장의 입장에서	현장에서	
문어체가 아닌 구어체	하였습니다.	했습니다.	100퍼센트 바꿈
	완성되어	완성돼	
	대응하여	대응해	
	전(全)	모든	
	복지·일자리 안전·안심	복지와 일자리 안전과 안심	
	출하정지, 전수검사	출하정지와 전수검사	
	발생하다	나다 / 생기다	
	결론을 도출하다	결론을 내리다	
	일각에서	일부에서	
	실시한 후	실시한 뒤	
	참여하에	참여한 가운데	
나를 낮추고 상대방 높이기 (존댓말)	총리로서	저는	
	국민들이	국민들께	
	지역 주민들이 공감할 수 있는	지역 주민들께 위안이 될 수 있는	
기타	고용부	고용노동부	약어 쓸 경우 일관성 있게 ※'고용부'는 꼭 '고용노동부' 로 말씀함
	금년	올해	틀린 것은 아니지만
	어린이	아이들	
	하지만	그러나	
	이에	그래서	
	모니터링	점검	

이낙연의 SNS

NY가 사투리를 쓰지 않는 이유

:: NY는 남도 출신임에도 사투리를 쓰지 않습니다. 예전부터 그랬다고 합니다. 물론 지역 주민을 만나거나 다른 지역 주민이라 하더라도 상대방이 편하게 느껴지도록 스스로를 내려놓기 위해 의도적으로 사투리를 쓰는 경우는 있습니다.

부인인 김숙희 여사는 결혼하기 전 NY에게 이렇게 물었다고 합니다.

"당신은 왜 사투리를 쓰지 않나요?"

돌아온 NY의 답변은 이랬다고 합니다.

"책을 많이 읽어서 전 표준어를 씁니다."

김숙희 여사는 이 말이 웃자고 한 농담이었다고 회상합니다. 그런데 결혼을 하고 나니 이 말이 사실이었다며 혀를 내둘렀다고 합니다.

NY는 정말 책을 많이 읽습니다. 여가가 많지도 않지만, 틈만

나면 책을 봅니다. 손에는 늘 뭔가가 들려 있습니다. 그래서 국무총리가 되고 난 이후, NY가 SNS에 올린 책들을 정리해봤습니다. NY의 시대정신을 엿볼 수 있는 정리가 됐으면 합니다.

〈논어〉 | 2017년 10월 5일

처음으로 끝까지 읽었다고 합니다. 인생과 정치에 대한 공자의 지혜와 그 생애의 편린을 기록한 보물 창고이자 최고의 고전이라는 평가를 덧붙였습니다.

〈시진핑〉 소마 마사루 지음 | 2017년 10월 6일

인간적·정치적 성장 과정의 얘기를 다룬 평전인데 지도자를 이해하기에 필요는 해도 충분하지는 않은 접근이며 더 많은 공부가 필요하다고 말했습니다. 갑자기 제가 쓰는 책이 무척 부끄러워졌습니다.

〈일의 미래〉 린다 그래튼, 〈콘텐츠의 미래〉 프랭크 로즈, 〈메가트렌드 2045〉 마티아스 호르크스, 〈대중의 직관〉 존 L. 캐스터, 〈X 이벤트〉 존 L. 캐스터 | 2017년 10월 7일

〈브레이크아웃 네이션〉 루치르 샤르마 | 2017년 10월 8일

신흥국가들 가운데 대한민국을 유일한 '금메달리스트'로 평가한 책이며, 1998년 금 모으기 등 위기 대처와 경제체제의 창조적

파괴, 대기업의 선견지명을 우리나라의 강점으로, 반면 경제 불평등의 확대는 우려하며, 재벌 3세의 역량 평가는 유보했다고 설명했습니다.

〈패권의 비밀〉 김태유, 김대륜 | 2018년 1월 14일

스페인(농업) → 네덜란드(상업) → 영국(상업+산업) → 미국(산업)으로 패권이 이동한 역사를 경제학적으로 분석한 책으로, 금융이 상업이나 산업 자금을 제공하면 패권을 돕지만 편하게 돈 버는 계층을 늘리면 패권을 무너뜨린다고 지적하고 있다고 말했습니다. 그러면서 그런 사례로 네덜란드와 영국, 미국을 들고 있다고 얘기했습니다. 국내 학자의 역작이라는 평가도 덧붙였습니다.

〈난중일기〉 이순신 | 2018년 4월 14일

책을 읽다 완도군수에게 전화를 걸어 보길도의 상수원 급수 문제를 물었다고 합니다. 책은 과거 얘기를 하지만 읽는 이는 현재에 살고 있다는 생각을 새삼 해봤습니다.

〈숲에서 경영을 가꾸다〉 최재천

쉽고 재미있지만 장엄하고 통렬하다고 평가했습니다.

〈인간의 품격〉 데이비드 브룩스 | 2018년 4월 25일

인간의 성숙 또는 인간의 완성을 다룬 책이라고 평가했습니다.

〈스피치 세계사〉 앤드루 버넷, 〈아주 짧은 세계사〉 제프리 블레이니 | 2018년 4월 25일

세계사에 새로운 접근을 했다고 평가했습니다. 〈스피치 세계사〉는 세계적 명연설과 그 사회적 배경의 전개를 다뤘고, 〈아주 짧은 세계사〉는 국가별, 대륙별 구분이 아닌 시대별, 주제별로 세계사를 다뤘다고 평가했습니다.

〈냉전의 역사〉 존 루이스 개디스 | 2018년 5월 2일

제2차 세계대전 말 미소 간 냉전의 태동부터 1991년 소연방 해체까지의 역사를 다룬 책. 냉전의 종결은 1991년이라고 하지만 한반도의 냉전은 그 후로도 27년이나 지속됐다며 4·27 남북 정상회담을 계기로 완전한 냉전 종결이 되길 희망한다고 말했습니다.

〈운명〉 문재인, 〈거래의 기술〉 도널드 트럼프, 〈사진과 **그림으로 보는 북한 현대사**〉 김성보, 기광서, 이신철, 〈**김정은 체제 5년, 북한을 진단한다**〉 민족화해협력범국민협의회 정책위원회 | 2018년 5월 7일

한반도의 운명은 어떻게 될 것인가, 아니 어떻게 만들 것인가? 이를 위해 그 저류부터 아는 것이 좋다며 책들을 소개했습니다.

〈불평등의 이유〉 노엄 촘스키 | 2018년 6월 4일

미국에서 보는 '민주주의와 자본주의의 허위와 위선'을 다뤘다며 마지막 문장 '중요한 것은 이름 없는 사람들이 행한 무수히 많은 작은 행동'이라는 구절을 적어뒀습니다.

〈남자에겐 보이지 않아〉 박선화 | 2018년 6월 9일

남자가 잘 모르는 여성의 내면과 현실, 여성에게 스며 있는 습관과 의식을 다룬 책이라고 설명했습니다. 결혼 기피와 저출산의 배경을 이해하는 데 도움이 되는 책이라고도 평가했습니다.

〈불평등의 역사〉 발터 샤이델 | 2018년 6월 17일

무겁고 어려운 책이라며 경제적 불평등을 완화하는 지혜를 얻

으려다 머리가 더 아파졌다고 말했습니다. 그래도 고민을 멈추지 않겠다는 말을 덧붙이며.

〈도덕의 궤적〉 마이클 셔머 | 2018년 6월 23일

과학과 지성이 이룬 인류 발달의 역사를 풍부한 사례로 설파하는 당대의 역작이라고 평가했습니다.

〈비관이 만드는 공포, 낙관이 만드는 희망〉 그레그 이스터브룩 | 2018년 7월 19일

정치인이나 언론이 전하는 것과 달리 인류의 삶은 분명히 좋아지고 있다고 책은 설명한다고 밝혔습니다.

〈자만의 덫에 빠진 민주주의〉 데이비드 런시먼 | 2018년 7월 29일

우리의 사회적, 경제적, 정치적 고민을 이해하는 데 많은 힌트를 주는 책이라고 평가했습니다.

〈옥중일기〉 호찌민 | 2018년 7월 29일

베트남 독립운동사. 국부이자 사상가, 대문호인 호찌민이 30년간 해외 독립운동 후 귀국해 중국 내 베트남 교민들과 연대하러 갔다 간첩 혐의로 체포돼 380일간 투옥되면서 옥중에서 지은 시 형태의 일기. NY는 책을 읽고 두 달 후인 2018년 9월 베트남을 방문했다가 고 호찌민 주석의 거소를 찾아 방명록을 남깁

니다.

〈세계의 역사〉 앤드루 마 | 2018년 8월 4일

영국 BBC의 8부작 다큐멘터리를 책으로 풀어 알기 쉽고 재미있게 세계사의 핵심을 다뤘다고 평가했습니다.

〈21세기 기본소득〉 필리프 판 파레이스, 야니크 판데르보흐트 | 2018년 8월 5일

세계의 논쟁적 의제인 '기본소득'을 공부하기 위한 일환으로 읽었다고 합니다.

〈균열 일터〉 데이비드 와일 | 2018년 8월 12일

오바마 정부 노동정책 설계자인 저자의 일터 재생 프로젝트라는 설명을 기대하며 읽는다고 말했습니다.

〈조선의 딸, 총을 들다〉 정운현 | 2018년 10월 20일

잘 알려지지 않은 여성 독립운동가들의 이야기를 다룬 책. 저자의 힘차고 빠른 문장이 읽는 재미를 더해준다고 평가했습니다. 저자는 자신의 페이스북(2018.11.4.)에서 NY를 만난 날 인사차 자신의 책 두 권을 선물했다고 밝혔습니다. NY는 이 두 권을 읽고 서평을 쓴 것입니다. 그리고 며칠 후 이 책의 저자인 정운현 님이 총리의 두 번째 비서실장으로 임명됩니다.

〈안중근家 사람들〉 정운현, 정창현 | 2018년 10월 28일

안중근 의사의 숨겨진 가족 이야기. 역시 NY의 두 번째 비서 실장인 정운현 님의 책입니다. NY는 안중근, 이회영, 이상룡 등 몇 대에 걸쳐 조국의 독립운동에 헌신한 일가의 삶을 떠올리며 삶과 죽음을 생각하게 한다고 밝혔습니다.

〈문파, 새로운 주권자의 이상한 출현〉 박구용 | 2018년 11월 10일

철학 교수가 진단한 한국 민주주의. NY는 표지가 도발적이지만 내용은 진지하고 예리하다고 평가했습니다. 아울러 한국 정치와 언론의 위기를 진단하며, 그 위기를 타개하려는 새로운 현상을 분석했다고도 밝혔습니다. 다음날 NY는 SNS에 '오늘날 정치적 낭만은 언어를 상실한 존재의 언어다. 이름을 빼앗긴 존재의 이름을 되찾는 정치, 말할 수 없는 것을 말하는 정치 (…) 타자를 감금하거나 배제하면 폭력이다. 타자로 머물 수 있는 자유를 박탈하는 것도 폭력이다'라는 구절을 인용하기도 했습니다.

〈골든아워 1, 2〉 이국종 | 2018년 11월 12일

'막을 수 있었던 수많은 죽음을 목격하고도, 왜 우리는 변하지 못하는가'라는 의제를 놓고 '정부를 향한 통렬한 항의로 받아들이겠습니다'라며 주말 독서를 예고했습니다.

〈21세기 미국의 패권과 지정학〉 피터 자이한 | 2018년 12월 27일

원제인 'The Accidental Superpower'를 '어쩌다 초강대국'으로 번역하며 훨씬 직접적인 설명이라고 덧붙였습니다.

〈21세기를 위한 21가지 제언〉 유발 하라리 | 2019년 1월 5일

저자의 전작 〈사피엔스〉는 인류의 '과거'를, 〈호모데우스〉는 인류의 '미래'를, 이 책은 인류의 '현재'를 다루고 있다며, 4차 산업혁명과 일자리 등 당면한 난제를 종횡무진으로 설명하고 있다고 평가했습니다.

〈협상의 전략〉 김연철 | 2019년 1월 6일

부제는 '세계를 바꾼 협상의 힘'. 20세기 이후 세계 20가지 협상의 역사를 다룬 책이라고 밝히며 읽기 쉽지만 두꺼워서 여러 차례 나눠서 읽겠다고 밝혔습니다.

〈임정로드 4000km〉 김종훈, 김혜주, 정교진, 최한솔 | 2019년 1월 16일

세종 청사 사무실로 저자의 편지와 함께 보내온 책이라고 밝혔습니다. '발로 쓴 책'이라고 평가했습니다. 표현이 경우에 따라 부정적으로도 쓰이는데, 여기서는 수많은 노력의 결과라는 의미로 쓰였습니다. 3·1 만세운동 및 대한민국 임시정부 수립 100주년에 맞춰 시의적절한 기획이라고 덧붙였습니다. 수고하셨다는 격려와 함께.

〈트렌드 코리아 2019〉 김난도 등 | 2019년 1월 17일

연초에 읽어야 하는데 늦었다며 1월을 넘기지 않도록 노력하 겠다고 밝혔습니다. 그러나 1월을 넘겨 결국 2월 설 연휴에 다시 읽게 됩니다(2월 6일). SNS에 밝힌 사소한 약속 하나도 쉽게 여 기지 않고 그 약속이 틀어지자 재차 알리는 NY의 정직함도 엿볼 수 있는 대목입니다. 우리 속의 변화를 포착하고 개념화하는 일 은 늘 중요하며, 하나하나의 변화는 작지도 않고, 따로 진행되는 것도 아니라고 설명했습니다. NY의 독서를 설명해주는 책이라 고 생각합니다. NY가 바쁜 일정에도 불구하고 주말 틈틈이 다독 을 하는 것의 근저에는 대중과 시류, 역사를 읽으려는 쉬지 않는 노력이 자리하고 있다고 생각하기 때문입니다.

〈제4의 실업〉 MBN 일자리보고서팀 | 2019년 2월 3일

4차 산업혁명은 삶과 일자리, 산업을 크게 바꾼다며 그 변화에 어떻게 대응할 것인지 준비해야 하고, 거기서 지혜를 얻고자 읽 는다고 밝혔습니다. '4차 산업혁명'으로 일컬어지는 미래상의 변 화에 대한 NY의 지속적인 관심과 배움의 노력을 읽을 수 있습 니다.

〈G2 미·중 패권 다툼과 일자리 전쟁〉 박정일 | 2019년 2월 4일

미중 무역 마찰과 그 이면의 미래 패권 경쟁, 그 영향을 받을 일자리에 대한 고민을 위해 좋은 공부가 될 것 같다고 밝혔습니다. 주말 하루 만에 잡은 새 책이라고도 밝혔습니다. 하루에 한 권을 읽을 수 있는 빠른 독서 능력이 부럽습니다. 누군가 이런 비결을 묻자 NY는 많이 읽다 보면 그렇게 된다고 말했다고 합니다. 책 한장 한장을 사진 찍듯 읽어 내려가고 기억해낼 수 있는 NY의 능력이 부럽습니다.

〈이게 경제다〉 최배근 | 2019년 6월 1일

한국 경제의 구조적 약점을 진단하고 방향을 제시했다고 평가했습니다.

〈수축사회〉 홍성국 | 2019년 6월 1일

저성장 시대의 여러 특징을 분석하며 대처 방법을 제안했다고도 평했습니다.

〈대변동〉 재레드 다이아몬드 | 2019년 6월 2일

국가적 위기에 어떻게 대응하고 어떻게 변화했는가, 일곱 나라의 경험을 비교해놓은 책입니다.

〈한민족 DNA를 찾아서〉 김석동 | 2019년 6월 2일

정통파 경제 관료 출신이 재야 역사가로서 기마민족 DNA를 탐구하며 한국의 미래 비전을 제시했다고 평가했습니다.

《붕괴》 애덤 투즈 | 2019년 6월 27일

숨 가쁜 주말이라 책이 읽힐지 자신이 없지만 목표로 삼으려 한다고 고백했습니다. 주말에도 전혀 쉬지 않고 지역 일정 등을 하는 바쁜 일상인데도 책 읽기를 멈추지 않으려는 노력에서 나온 약속입니다. 굴지의 현대경제사학자인 저자가 글로벌 금융 위기가 야기한 세계의 변화를 대공황 이후의 것과 비교하며 전개했다고 설명했습니다.

《예정된 전쟁》 그레이엄 앨리슨 | 2019년 8월 31일

미중 갈등, 신흥 세력과 지배 세력의 충돌을 다룬 책. '투키디데스 함정'(펠로폰네소스 전쟁 때처럼 빠르게 부상하는 신흥 강국이 기존의 세력 판도를 뒤흔드는 과정에서 패권국과 무력 충돌하는 경향이 있다는 걸 일컫는 용어. 지금의 미국과 중국도 투키디데스 함정의 전형을 보여주는 관계로 볼 수 있다)을 언급했습니다. 아울러 가능성은 생각보다 크지만 전쟁은 필연적이지는 않다고 밝혔습니다. 책을 읽다가 멈추어 '한반도의 운명'에 대해 생각하곤 했다고 밝혔습니다.

《당신이 진짜로 믿었던 가짜뉴스》 김창룡 | 2019년 9월 2일

가짜뉴스는 왜 사라지지 않을까? 팩트 체크로 가짜뉴스를 잡을 수 있을까? 가짜뉴스가 확산되는 공식은? 가짜뉴스의 특징은? 이러한 질문에 대해 고민하는 분들에게 일독을 권한다고 밝했습니다. NY는 이 책을 공무원들에게 선물하기도 했습니다.

〈20 vs 80의 사회〉 리처드 리브스 | 2019년 9월 13일

상위 20퍼센트가 기회를 '사재기' 하고 하위 80퍼센트와의 격차를 넓히며 그것을 세습하는 미국 사회를 진단하고, 처방을 제시하는 내용. NY는 고민하며 읽었다고 밝혔습니다.

〈우리가 모르는 대한민국〉 장대환 | 2019년 9월 13일

세계가 놀란 한국의 기적, 기적을 일군 강점과 저력, 기적을 망치는 내부의 적들, 또 한 번의 기적을 위해, 우리를 객관적으로 돌아본다고 얘기했습니다.

〈카이스트 미래전략 2019〉 KAIS 문술미래전략대학원 미래전략연구센터 | 2019년 9월 14일

저출산 고령화, 사회 통합 갈등 해결, 평화와 국제정치, 지속적 성장과 번영, 지속 가능한 민주 복지국가, 에너지와 환경문제를 대한민국 6대 절대 과제로 든 것을 옳은 지적이라고 평가했습니다. 모두 만만찮은 과제라고도 밝혔습니다. 그러나 피할 수도, 미룰 수도 없다고 덧붙였습니다.

〈불황 탈출〉 박상준 | 2019년 11월 12일

최근의 일본 경제를 균형 있게 진단했다고 평가하고, 우리 경

제와 대비하며 설명해 설득력을 높였다고 밝혔습니다.

〈윈스턴 S. 처칠〉 강성학 | 2019년 11월 23일

그동안 처칠에 대해 알고 있던 것은 한 줌도 되지 않는다는 것을 깨우쳐준 책이라고 극찬했습니다.

〈포노 사피엔스〉 최재붕 | 2019년 12월 15일

스마트폰을 신체의 일부처럼 쓰는 인류를 가르키는 '포노 사피엔스' 덕분에 플랫폼 기업들이 폭발적으로 성장했다고 설명했습니다. 유튜브에 기존 언론들도 지배적 지위를 양보했다고도 얘기했습니다. 지금의 혁명을 우리가 아는 얘기를 통해 정연히 설명했다며 빠르게 읽히는 책이라고 평했습니다.

〈보통 사람들의 전쟁〉 앤드루 양 | 2019년 12월 29일

'기술과 시장이 일자리를 빼앗을 시대에 대안은 있는가'라는 화두를 던지며, 저자는 이에 대한 답으로 '인간적 자본주의'를 제안했다고 설명했습니다. 인간이 시장을 위해 일할 것이 아니라, 시장이 인간을 위해 일하도록 만들어야 한다고 서술한 부분도 덧붙였습니다.

NY의 갬성? 감성!

:: NY가 국무총리가 되고 나서 올린 SNS 글 가운데, 그의 감성을 엿볼 수 있는 글을 추려 정리했습니다.

세월호 가족

2017년 5월 13일 총리로 지명된 NY는 그들을 목포에 남겨두고 서울로 가는 것이 못내 마음에 걸렸던 것 같습니다. 이틀 만에 다시 목포신항을 찾은 NY는 핸드폰 번호가 적힌 명함을 내밀며 "총리가 돼도 번호를 바꾸지 않을 테니 언제든지 전화주십시오"라고 인사드립니다.

2017년 9월 23일 미수습 가족 가운데 유해를 찾아 이별식을 가진 분들을 찾아뵈었다고 전했습니다. 이별식이라지만 자식을 어떻게 먼저 보낼 수 있겠느냐며, 함께 가지 못하신 부모로서 먼저 떠난 자식을 보내는 한 과정이라고 덧붙였습니다. 조용히 다녀오려 했으나 언론에 공개돼 안타깝다는 얘기와 함께.

2017년 11월 18일 미수습자들께 조문을 드리고, 미수습자 가족들과 처음으로 소주를 마셨다고 남겼습니다. 이날 NY는 미수습 가족이 따라준 소주를 남기지 않고 마셨습니다. 그 자리에 함께 있었던 당시 소통총괄비서관 Y씨는 그 모습에서 미수습 가족들에 대한 NY의 마음을 읽을 수 있었다고 기억합니다.

2018년 4월 21일 팽목항을 찾았습니다. 도지사 시절 수도 없이 찾았던 곳을 총리가 되고 다시 찾아 진상 규명은 모든 의문이 최소화될 때까지 끝나지 않았다고 밝혔습니다.

교회

2017년 5월 21일 NY가 교회에 다니게 된 사연을 적고 있습니다. 아들의 뇌수술 이후인 2004년부터인데요. 더 자세한 것은 이에 앞선 2014년 2월 16일에 SNS에 간증을 올려둔 것이 있습니다. 2003년 10월 NY의 외아들이 뇌종양이 발견돼 수술을 받았습니다. NY의 장모님이 다니시는 교회의 목사님이 새벽부터 지방에서 올라오셔서, 수술실 밖에서 10여 명을 모아 기도를 올렸다고 합니다. 하지만 NY는 신앙이 없어 기도를 할 줄 몰라 멀뚱히 있었는데, 그 순간이 참담했다고 NY는 기록했습니다. 그때 NY는 가장 절박한 순간에 절대자께 간구하는 것이 인간이라는 생각을 처음으로 하게 됐다며 신앙을 갖게 된 이유를 설명했습니다.

2013년 9월 20일 전남 곡성 겸면에서 열린 목화축제 당시 목화밭에 들어가 목화를 촬영하는 모습

섞어 번개팅

2017년 6월 22일 총리가 되고 첫 모임을 가졌습니다. 도지사 시절에 NY가 이름 짓고 만든 모임으로, 부서, 직급, 성별 구분 없이 무작위 선발한 실무 직원들과 호프집에서 갖는 소통의 시간입니다. NY는 선물로 참석자들의 소속과 이름을 외워서 불러줍니다. 총리실이 세종으로 이전한 만큼 총리가 세종으로 내려가 직원들을 격려하고 소통하려는 노력이 돋보입니다.

2019년 5월 21일 세종으로 옮겨 간 행정안전부 직원들과 막걸리를 마시며 소통합니다.

위안부 피해 할머니

2017년 7월 24일 위안부 피해자 김군자 할머니의 빈소에 조문을 드린 NY는 '슬픈 인생'이라고 표현했습니다. 그리고 국민을 지키지도 보듬지도 못한 못난 조국에 대한 반성과 소녀들을 짓밟은 잔인한 침략 국가에 대해 언급하며 고인께 드릴 말씀이 떠오르지 않았다고 고백했습니다.

2017년 8월 29일 위안부 피해자 하상숙 할머니의 빈소에 조문을 드리고, 한 많은 인생 90년을 위로하며 영면을 빌었습니다.

고 김원기 선수의 별세

2017년 7월 28일 1984년 LA 올림픽 레슬링 금메달리스트인 고 김원기 선수가 55세의 젊은 나이에 별세했습니다. NY의 국회의원 시절 지역구인 전남 함평 출신입니다. 자신을 '형님'이라고 부르며 따랐다고 술회했습니다. 그러나 고인의 어려운 형편을 몰랐던 자신이 형님 자격이 있겠느냐며 아픈 마음의 상처를 드러냈습니다.

이해인 수녀의 시 '여름일기 1'

2017년 8월 6일 교회 주보에 실린 이해인 수녀의 시를 소개했습니다. 여름 풍경 아래 뜨거운 열정 어린 삶, 그리고 파도에 엎드려 견디는 섬에 비춘 겸손하고 묵묵한 삶, 그것이 NY가 그리는 삶의 모습이 아닐까 조심스레 가늠해봤습니다.

손녀, 솔이

2017년 8월 9일 휴가 첫날, 주말엔 손녀와 놀며 책을 읽겠다고 글을 올렸습니다. 생후 30개월 손녀 '이솔' 양이 숫자를 세는 모습의 동영상을 함께 올렸습니다. 그 모습을 흐뭇하게 바라봤을 NY의 푸근한 미소가 짐작됩니다.

2017년 10월 1일 생후 32개월 손녀가 용인 어린이박물관에서 소방관 및 경찰관 체험을 하는 사진을 올렸습니다.

2017년 10월 29일 어느 바자회에 데리고 나온 손녀라며 솔이의 동영상을 올렸습니다. 할아버지의 손녀 사랑이 정겹다는 댓글들이 눈에 띕니다.

성주 주민께 위로와 사과

2017년 9월 8일 사드 반입 과정에서 부상당하신 성주 주민들께 위로와 사과 전화를 드렸다고 올렸습니다. NY는 안보상 불가피했지만, 주민들의 충정을 수용하지 못해 송구스럽다고 말씀드리고, 적절한 시기에 성주를 방문하겠다고 약속했습니다.

소방관의 순직

2017년 9월 18일 화재를 진압하다 순직한 소방관들의 명복을 빌며, 일정상 영결식에 참석하지 못해 죄송하다고 남겼습니다. 비서실장을 대신해 보내겠다는 말과 함께 말입니다. 다른 날에라도 가족을 뵙겠다는 약속도 덧붙였습니다.

김운용 부위원장 타계

2017년 10월 3일 한국 체육계의 거목인 김운용 전 IOC 부위원장의 타계 소식을 올렸습니다. 9월 27일 진천 국가대표 선수촌 개촌식에서 만나고 곧 다시 뵈려 했다며 믿어지지 않는다고 남겼습니다.

가을비와 겨울의 길목에서

2017년 10월 11일 추운 계절을 앞두고 '힘든 사람은 더 힘들고, 외로운 사람은 더 외로운 계절'이라며 민생을 더욱 챙기겠다고 남겼습니다. NY는 국회의원 시절부터 양로원의 난방 예산을 유독 챙겼습니다. 추운 계절 소외된 이웃의 고통을 먼저 걱정하기 때문입니다.

손자의 탄생

2017년 11월 4일 예정보다 12일 빨리 태어난 손자의 이목구비가 NY 자신을 닮은 듯하다며, 단점은 닮지 말아야 한다고 농담처럼 덧붙였습니다.

2017년 11월 25일 생후 21일 된 손자를 안고 있는 자신의 모습을 올렸습니다. 사진에 담긴 NY의 미소가 예사롭지 않습니다.

2018년 1월 12일 생후 35개월 손녀와 2개월 손자의 사진을 올렸습니다. 시간마다 다르게 훌쩍 커가는 아이들의 모습 속에 NY는 아이들의 구체적인 키와 몸무게의 변화까지 세심히 담았습니다.

2018년 11월 16일 손자의 돌잔치. 가족들끼리 조용히 치른 자리에서, 손자의 옷깃을 여미는 인자한 NY의 미소가 보입니다. 네 살 손녀와 돌을 맞은 손자는 하나님이 주신 최고의 선물이라고 적었습니다.

공관 직원들의 선물

2017년 12월 16일 공관 직원들이 NY 부부와 손녀, 손자를 함께 그린 캐리커처 액자를 선물했습니다. NY는 고마운 선물이라고 얘기했습니다.

영화 관람

2017년 8월 7일 영화 '택시운전사'를 페친들과 번개 관람한 후 호프 미팅을 했습니다. 페이스북을 통해 번개 관람을 함께 할 페친들을 모은 것이 화제가 돼 기사화되기도 했습니다.

2018년 1월 15일 영화 '1987'을 페친들과 함께 보고 생맥주 뒤풀이를 했습니다. 극장에서 NY를 만난 사람들의 표정이 밝습니다.

2019년 1월 18일 영화 '말모이'를 '우리말 가꿈이' 한글 단체 대학생들과 함께 관람했습니다.

2019년 3월 1일 영화 '항거: 유관순이야기'를 유관순 열사의 유가족과 열사의 모교인 이화여고 동창회 지도자들과 관람했습니다. 영화가 끝나도 아무도 일어나지 않았다고 전했습니다. 소감을 묻는 기자에게도 아무런 답변도 하지 못했다며, 그것이 역사의 무게라고 밝혔습니다.

2019년 4월 20일 영화 '생일'을 세월호 관련 추모시를 쓴 시인, 캘리그래퍼, 연출자, 제작자들과 함께 관람했습니다. '극단의 고통에 대한 여러 대처 방식은 인생에 대한 이해를 도와줍니다' 라고 남겼습니다.

2019년 4월 28일 영화 '노무현과 바보들'을 노무현재단 장학생 및 영화에 출연한 노사모 회원들과 함께 관람하고 청년 창업 맥줏집에서 뒤풀이도 가졌습니다.

2019년 6월 17일 영화 '기생충'을 신인 영화감독, 배우, 영화학도, 교수 등 함께 관람하고, '상영 시간이 길지만, 조금도 긴장을 풀 수 없었다'고 소감을 적었습니다.

평창 동계올림픽 개막식

2018년 2월 10일 적은 예산으로 짧은 기간에 최고의 올림픽 개막식을 만들었다며 송승환 감독을 극찬했습니다. 아울러 전해에 개막식이 걱정돼 설명을 들으며 깐깐히 굴었던 일을 사과한다고 밝혔습니다.

어머니의 소천

2018년 3월 28일 향년 92세의 고 진소임 여사가 소천하셨습니다. NY는 전쟁하듯 처절하게, 그러나 늘 긍정하며 유머를 잃지 않고 사신 고인을 떠올렸습니다. 가장 익숙하고 편한 곳, 어머니가 평생 일구신 고향 마을 작은 밭모퉁이에 고인을 모셨습니다. NY는 장례 기간 동안 삶의 많은 부분에 대해 후회했다고 덧붙였습니다.

구본무 회장 별세

2018년 5월 21일 향년 73세로 세상을 떠난 LG 구본무회장의 명복을 빌었습니다. 도덕경영을 실천하고, 누구에게나 겸손하고 소탈했던 큰 어른이라 평가했습니다.

김종필 전 국무총리 별세

2018년 6월 23일 대한민국 현대사의 영욕을 체현하신 장본인이라고 평가했습니다. 또 개인으로서는 많은 능력과 매력을 지니셨던 분이라며 명복을 빌었습니다.

노회찬 의원 고별인사

2018년 7월 26일 고인이 꿈꾼 정치를 흉내 내지도 못했다는 것, 고인의 매너에 스민 인간에 대한 배려에 응답하지 못했다는 것, 고인의 익살에 감춰진 고독을 알지 못했다는 것을 NY는 못내 아쉬워하며 막걸리 몇 잔 더 마셨어야 했다고 고인을 그리워했습니다.

가수 최희준 님의 명복

유독 많은 분들이 떠나셨던 2018년도였습니다. 2018년 8월 25일 NY는 고인의 노래가 힘든 청년 시절의 유일한 위안이었다고 털어놓았습니다. 대학 선배이자 정치인과 기자로 만났던 과거의 인연을 떠올리며 따뜻했노라고 술회했습니다.

방탄소년단, 두 번째 빌보드 1위

2018년 9월 3일 방탄소년단이 1년 사이 빌보드차트 1위에 두 번 올랐다며 이러한 예는 비틀즈와 엘비스 프레슬리, 프랭크 시나트라 등의 슈퍼스타에게서 찾을 수 있다고, 장하다고 덧붙였습니다.

이왕표 프로레슬러의 빈소

2018년 9월 5일 늙은 체육인의 굵은 눈물을 잊지 못할 것 같다며 사람은 가도 기억은 남는다고 고인을 떠올렸습니다.

쌍용차 해고노동자의 복직

2018년 9월 14일 해고노동자 119명이 9년 만에 전원 복직의 합의에 이르렀지만, 그사이 30명이 별세했다며 안타까워했습니다. NY는 명복을 빌며 유족께 위로의 뜻을 전했습니다. 그리고 도움을 드리지 못해 죄송하다는 말을 남겼습니다.

이현주의 시 '우리는 서로 만나 무얼 버릴까'

2018년 9월 21일 늦은 밤, 이현주 목사의 시를 SNS에 적어 놓았습니다. 무슨 뜻일까요? 한편 NY는 2017년 12월 21일 현안조정회의에서 교육부와 보건복지부 간 이견 해소를 위해 서로 양보가 필요하다며 두 부처에게 장사익의 노래 '두물머리'의 가사 중 '북한강은 북을 버리고 남한강은 남을 버려서 한강에서 만났구나. 우리는 서로 만나 무엇을 버릴까'를 권한 적이 있습니다. 서로가 양보하며 화합을 이루는 사회, 남과 북이 하나 되는 나라를 꿈꾸는 NY의 마음이 담겨 있는 것 같습니다.

꽃과 꼬치

2018년 10월 13일 '너는 나에게 꽃이고, 나는 너에게 꼬치다'라는 문구를 올렸습니다. NY가 삼청동 한 꼬치구이 집에 들렀다가 벽에 붙은 것을 보고 재미있어 옮긴 것 같습니다. NY는 특유의 재치와 입담으로 술자리의 좌중을 행복하게 만드는 재주도 갖고 있습니다.

정호승의 시 '이제는 누구를 사랑하더라도'

2018년 10월 27일 '이제는 누구를 사랑하더라도 / 한 잎 낙엽으로 떨어져 썩을 수 있는 사람을 사랑하라'는 시구를 올렸습니다. NY는 세종에서 서울 가는 KTX 안에서 붉게 물드는 먼 산을 보며 정호승 시인의 시를 읊조렸다 합니다.

낙엽

2018년 11월 16일 가을 밤, 공관으로 가는 길에 쌓인 낙엽의 사진을 찍어 올렸습니다. '이 낙엽도 이내 바람에 날리거나 눈에 덮여 사라지겠지요'라고 적었습니다.

안도현의 시 '연탄 한 장'

2018년 12월 2일 깊은 밤, 안도현 시인의 시를 올렸습니다. '삶이란 / 나를 산산이 으깨는 일 / 눈 내려 세상이 미끄러운 어느 이른 아침에 / 나 아닌 그 누가 마음 놓고 걸어갈 / 그 길을 만들 줄도 몰랐었네, 나는.'

이해인 수녀의 시 '풀꽃의 노래'

2018년 12월 15일 풀꽃 같은 사람들을 만나러 가는 길이라며, 이해인 수녀의 시를 올렸습니다. 이후 NY는 광주 양동시장에 들러 상인들과 돼지국밥을 함께 나눕니다.

송해

2019년 1월 8일 서울 낙원동 '송해의 길'에서 송해 선생님과 만나 시래기국밥으로 점심을 함께 합니다. 삶의 현장을 계속 찾겠다고도 남겼습니다.

홍매

2019년 3월 24일 매화와 함께 찾아온 봄을 알렸습니다. 붉은 매화가 화면을 가득 메웁니다.

김해화의 시 '아내의 봄비'

2019년 5월 19일 '봄비가 여름더러 너무 서둘러 오지 말라며 내린다'고 적었습니다. 오후엔 전통시장에라도 들르고 싶다는 말과 함께. 봄비를 보니 김해화 시인의 시가 생각난 모양입니다.

'기생충'

2019년 5월 26일 봉준호 감독의 영화 '기생충'이 칸 영화제 황금종려상을 수상한 것을 두고 한국 영화 최고의 영예라며 축하와 노고에 대한 감사 인사를 올렸습니다.

이용마 기자 별세

2019년 8월 21일 MBC 이용마 기자가 별세하자, 언론 개혁과 진실 추구에 바친 짧은 생을 아쉬워하며 투병 중의 따뜻한 웃음이 오래 기억될 것이라고 명복을 빌었습니다. 아울러 고인이 이루지 못하신 꿈은 산 사람들의 몫으로 남았다고도 밝혔습니다.

구자경 LG 명예회장의 명복

2019년 12월 14일 1980년대 광화문 허름한 '진주집'에서 혼자 비빔밥을 먹던 소박한 모습을 기억한다며, 국민의 사랑을 받는 기업을 키워낸 고인의 명복을 빌었습니다.

마치는 글

:: 정확히 10년 전 NY가 한 인터뷰에서 밝힌 포부입니다. 유명 언론사가 아닌 국회 내부 소식지인 국회보에 담긴 글을 통해, 10년이 지난 현재의 시점에서 NY는 자신의 말을 얼마나 지키려 노력했는지, 저는 충분히 짐작할 수 있습니다.

"지난 10년간 주말마다 지역구에 내려가는데 현재까지 95퍼센트의 출석률을 찍고 있습니다. 아무리 컨디션이 좋지 않아도 지역구 현장에서 우리 주민들의 삶의 터전을 눈으로 몸으로 느끼고 돌아옵니다. 어떤 분야에서 일하건 현장 중심의 의정 활동을 해야 하는 것, 그것이 제가 구민들에게 해줄 수 있는 가장 우선의 일이죠. 저에게 기대하고 있는 많은 사람들에게 진실되고, 겸손하고, 넘치지 않는 사람으로 남게 되는 것, 그것이 제 삶의 마지막 소망이자 목표입니다. 매번 국민들에게 이렇게 말씀드

립니다. 절대 실망시키지 않는 사람이 되겠다고요. 꼭 지켜봐주십시오."(국회보 2010년 12월호)

NY와 같은 진심을 실천하고 구석구석에 전달하는 이들이 사회 곳곳에 늘어서 우리 사회가 좀 더 따뜻하고 살기 좋은 곳이 되길 희망합니다. 그것이 반드시 정치의 영역이어야 할 필요는 없습니다. 우리 모두가 현재 서 있는 그곳에서 최선을 다한다면 충분히 가능한 일이라고 생각합니다.

이낙연은 넥타이를 전날 밤에 고른다

1판 1쇄 찍음 2020년 1월 29일
1판 1쇄 펴냄 2020년 2월 6일

지은이 양재원
펴낸이 임후성 펴낸곳 북콤마
디자인 sangsoo 편집 김삼수
등록 제406-2012-000090호
주소 (413-756) 경기도 파주시 문발동 파주출판단지 534-2 201호
전화 031-955-1650 팩스 0505-300-2750
이메일 bookcomma@naver.com 페이스북 facebook.com/bookcomma
블로그 bookcomma.tistory.com 트위터 @bookcomma
ISBN 979-11-87572-21-3 03300

› BOOKComma

이 도서의 국립중앙도서관 출판예정도서목록(CIP)은 서지정보유통지원시스템 홈페이지(http://seoji.nl.go.
kr)와 국가자료종합목록 구축시스템(http://kolis-net.nl.go.kr)에서 이용하실 수 있습니다. (CIP제어번호 :
CIP2020003182)